Das Strahlenkinder-Buch

Gechannelt von
Iris Kraml-Weber

Das Strahlenkinder-Buch

Gechannelt von Iris Kraml-Weber

WAGNER VERLAG
www.wagner-verlag.de

Ein Buch aus dem WAGNER VERLAG

Lektorat: Dagmar Ordon
Umschlaggestaltung:: www.boehm-design.de
Titelbild: www.weltenkunst.at

1. Auflage

ISBN: 978-3-86683-657-0

Bibliografische Information der Deutschen Bibliothek
Die Deutsche Bibliothek verzeichnet diese Publikation in der Deutschen Nationalbibliografie; detaillierte bibliografische Daten sind im Internet über http://dnb.ddb.de abrufbar.

Druck: dbusiness.de gmbh · 10409 Berlin

Inhaltsverzeichnis

1. Einleitung

„Wir sind **Adamis**. Wir grüßen euch.

In diesem Buch, das ihr in den Händen haltet, sind viele Botschaften der Liebe und Anleitungen, wie ihr zu wahrhaft freien Menschen werden könnt.

Diese Botschaften stammen von hoch entwickelten Seelen und Wesenheiten, welche sich auf einen besonderen Dienst, ein besonderes Abenteuer eingelassen haben: Sie sind die Hüterinnen und Hüter der Farb- und Energiestrahlen, denen manche Dienstseelen sich aussetzen, bevor sie ihr Leben auf der Erde antreten.

Wie diese Farbstrahlen auf die Erde und letztlich auch auf die Strahlenkinder wirken, ist anschaulich beschrieben, und viele von euch werden sich selbst darin wiederfinden.

Die Strahlenkinder sind keineswegs bessere Menschen, denn in diesem Universum der Liebe gibt es keine besseren und schlechteren Wesen, alle sind ebenbürtig. Doch der Fokus, die Potenziale und die Lebensaufgaben unterscheiden diese Menschen von anderen: Strahlenkinder inkarnieren, um der gesamten Menschheit und dem Gesamtsystem Erde einen Dienst zu erweisen. Sie helfen uns, gemeinsam die Schwingung auf unserem Planeten zu erhöhen. Um das tun zu können, haben viele von ihnen, viele von euch also, besondere Gaben und Fähigkeiten.

Manche können mit Engeln oder anderen Wesen kommunizieren; andere sind da, um Energien zu kanalisieren und dorthin zu bringen, wo sie sein sollten; wieder andere haben als Hauptaufgabe, die Liebe für euch Menschen intensiver erlebbar zu machen, und eines haben sie gemeinsam: Immer wieder stoßen sie Menschen vor den Kopf, die noch in alten Mustern und Programmen verhaftet sind.

Sie tun dies nicht aus Bosheit, sondern letztlich erhalten so alle Menschen die Chance, sich zu freien, liebevolleren Wesen zu entwickeln.

Es ist dies eine besondere Zeit, in der ihr lebt, meine Lieben. Die Evolution ist nichts Vergangenes, Evolution findet jetzt statt. Seid Teil davon!

In liebevolle, aber deutliche Worte gepackt findet ihr die Botschaften einiger Freunde der Menschen. Im Hinblick auf die stattfindenden Veränderungen arbeiten wir gerne mit euch allen zum höchsten Wohle aller zusammen.

Wir segnen euch mit der vibrierenden Liebe von

Adamis“

Vorwort, Widmung, Danksagung

Ich schreibe dieses Buch für alle Strahlenkinder und für alle Wesen, die uns helfen, unsere Wege zu finden und zu gehen, seien es Menschen, Engel, Geistführer, Krafttiere, Elfen, ...

Ich danke Frank Alper für seine Pionierarbeit auf dem Gebiet der Strahlenkinder und für seine liebevolle Unterstützung sowohl auf meinem persönlichen Lebensweg als auch für den Beitrag, den er leistete, um die Welt für viele Menschen verständlicher zu machen. Frank Alper hat als Erster die verschiedenen Strahlen gechannelt, meine Arbeit basiert auf seiner Vorarbeit. Die Wahrheit in seinen Channelings hat mich berührt und inspiriert, dieses Buch zu schreiben. Er hat den Weg für meinen Weg geebnet und für den vieler anderer Strahlenkinder. Ich bedanke mich dafür. Auch ihm widme ich dieses Buch.

Außerdem möchte ich mich noch bei folgenden Personen bedanken: Elisabeth Ertelthalner (www.weltenkunst.at), vielen Dank, dass du mir dieses wunderbare Bild als Cover zur Verfügung stellst; Dagmar Ordon fürs Lektorat und Andrea Manes vom Verlag; Josefine Pfeifhofer für das Erweitern meines Horizontes und für deine Unterstützung auf meinem Weg; Judith Dörr dafür, dass du mich immer wieder ermutigt hast weiterzumachen; Doris Weber für das Korrekturlesen und für deinen Rat; Ludmilla und Hermann Kraml für die vielen Stunden, als ihr auf Julian aufgepasst habt, damit ich Zeit für dieses Buch hatte; meinem Ehemann Wolfgang für die Liebe, Unterstützung und die Chancen, die du mir zukommen lässt; und schließlich auch meinen Kindern für die Möglichkeiten, die ihr mir bietet, zu lernen und zu lieben. Ich danke euch!

Channeling ist eine Technik, Botschaften oder Antworten aus der Geistigen Welt zu empfangen und unverändert weiterzugeben. Diese Technik habe ich in einem dreiteiligen Seminar bei Frank Alper 2006/2007 gelernt. Mir ist klar, welche Verantwortung damit einhergeht. Deswegen bemühe ich mich um allerbeste Qualität und lege die Bedingungen sehr präzise fest, um auszuschließen, dass mein Ego, meine Gefühle oder irgendwelche ungefragten Wesen sich in meine Channelings einmischen. Die kursiv geschriebenen Sätze und Wörter in diesem Buch stammen von mir selbst, der restliche Text von den Hütern und Hüterinnen der Farbstrahlen.

Ich möchte darauf hinweisen, dass ich zwar die Verantwortung trage für die bestmögliche Qualität der Channelings, dass ich aber aufgrund dessen nichts weglassen oder beschönigen darf. Ich persönlich kenne zum Beispiel die KryonSchule nur vom Namen her, habe mich aber noch nie damit beschäftigt. Ich kann keinerlei Aussage dazu machen. Wenn also Kryon diese nicht empfiehlt, so ist das Teil des Channelings und nicht meine persönliche Meinung. Ähnlich ist es bei einer Aussage von Jesus über Allah, dass er keine Beschneidung einfordert. Die Sätze sind mir so übermittelt worden. Falls jemand anderer Meinung ist, jedem das Seine.

Es wird nicht immer die weibliche und männliche Form verwendet, aber die Texte beziehen sich, sofern nicht explizit ausgedrückt, auf Männer und Frauen. Zwar wird der Begriff „Strahlenkinder" verwendet, aber es gibt auch Erwachsene, die mit Farbstrahlen inkarniert sind. Einzelne davon sind bereits über 80 Jahre alt.

Zum Geburtsmagnetchakra möchte ich erklärend hinzufügen: Es befindet sich beim Bauchnabel und ich habe von Josefine Pfeifhofer eine Technik erlernt, mit Hilfe derer ich es aktivieren und öffnen kann. Dann kann ich feststellen, ob die Person, die vor mir liegt, ein Strahlenkind ist oder nicht, bzw. mit welchem Farbstrahl sie inkarniert ist. Zusätzlich werden dabei Körper und Aura der Person mit ihren Ursprungsenergien geflutet, und falls Botschaften der Hüter mitgeteilt werden sollen, tue ich das.

Es ist jedoch auch anhand eines persönlichen Seelenchannelings oder eines Fotos erkennbar, ob jemand ein Strahlenkind ist oder nicht. Falls Interesse besteht, meine Kontaktdaten können unter www.regenbogentochter.at ausfindig gemacht werden. Außerdem kann ich auf Anfrage einige andere Personen empfehlen, die diese Informationen ebenfalls wahrnehmen können und auch Erfahrung haben mit Strahlenkindern.

Manchmal jedoch sind das Verhalten und die Potenziale einer Person so eindeutig, dass es offensichtlich ist, zu welchem Strahl jemand gehört.

Ich wünsche meinen Leserinnen und Lesern viel Freude mit diesem Buch und hoffe, einen Samen für mehr Achtsamkeit, vor allem im Umgang mit Kindern, gesät zu haben.

Iris Kraml-Weber

2. Die Farbstrahlen

Der indigofarbene Farbstrahl

„Ich bitte ***Kryon*** *um ein detailreiches, unpersönliches Channeling über den Indigo-Farbstrahl und seine Eigenheiten und Besonderheiten und über seine Wirkung."*

„Der indigofarbene Farbstrahl, liebe Iris, ist einer der bekanntesten Farbstrahlen, wenn nicht sogar der bekannteste – für viele Menschen immer noch der einzige, von dem sie wissen.

Und es stimmt nicht, dass die Aura von Indigokindern indigofarben sein muss bzw. immer so wäre. Denn, wie du weißt, werden erst durch die Öffnung des Geburtsmagnetchakras diese Energien und somit auch die „Farbe" freigelegt. Und dann pulsiert sie durch die Aura und auch durch die stofflichen und feinstofflichen Ebenen der Person, bis alles einmal damit geflutet wurde und sich erinnert bzw. bewusst wird. Dieser Energieaustausch bzw. diese Übertragung informiert alle Zellen und Ebenen mit den jeweiligen Schwingungen. Der bewusste Teil des Menschen wird sich entweder gleich oder nach und nach bewusst über die Aufgabe, die als Dienst angenommen wurde und die es zu erfüllen gilt.

So viel zur Funktionsweise.

Was den Indigostrahl beschreiben oder kennzeichnen könnte sind folgende Merkmale: Klarheit und Weisheit, ein Zugang zu Wissen, der überraschen mag, Klarheit auch im Ausdruck. Der Zugang zur Akasha-Chronik (wie ihr sie nennt) ist für Indigokinder seit Geburt an leicht geöffnet und der Nutzungsgrad entscheidet, wie weit er sich insgesamt öffnet.

Das ist, was für euch mental fassbar ist.

Das, was nicht oder schwer fassbar ist, ist die magnetische

Energie, der ihre Seelen vor der Inkarnation ausgesetzt wurden."

„Wozu brauchen sie diese magnetische Energie und wie wirkt sie?"

„Die magnetische Energie kommt aus einem anderen Universum, zumindest diese spezielle Art davon. Magnetismus und Polarität gibt es zwar auch auf der Erde, aber eben nur in diesem dualen System von Plus und Minus. Diese magnetische Energie ist für euch schwer vorstellbar, sie wirkt vielseitig, eher so wie der Mittelpunkt eines geometrischen Mandalas, der alle Einzelteile zusammenhält und die Basis für die Struktur vorgibt und hält.

Jetzt kommen wir wieder zu etwas Verständlicherem: Die Strukturen bei euch auf der Erde verändern sich ja bereits, sind im Umbruch. Damit nicht das totale Chaos und Anarchie der „Einzelbestandteile" eintreten, wurden Dienstseelen, die sich dazu bereit erklärten, dieser magnetischen Energie ausgesetzt, um diese dann auf der Erde zu „manifestieren" – durch ihre Körper, durch ihre Taten und Gedanken und durch das, was sie sprechen, ausstrahlen und sind.

Indigokinder kamen schon früher als die meisten anderen Strahlenkinder, da sie die Informationen über die neue Ordnung und die neuen Strukturen in ihren Seelen und Körpern eingespeichert haben.

Die krassen Gegensätze von hellem und dunklem Licht lösen sich nicht auf, nein, doch sollte alles „gut" und nach Plan gehen, werden sie vereint und im Ausgleich in der Balance harmonisiert, sodass keine Kämpfe, weder innere noch äußere, notwendig sind und provoziert werden (können).

Die Bedingung dafür ist, dass ihr „aufräumt" und euch endlich mit Polarität und Dualität in einer angemessenen und sinnvollen Form beschäftigt, damit ihr damit beginnen könnt, die Gegensätze in euch zu vereinen. Zahllose Strahlenkinder und Helfer aus der geistigen Welt unterstützen euch dabei, wenn ihr das zulasst. Aber den Weg müsst ihr selbst gehen, die Lektionen selbst lernen, die Entscheidungen selbst treffen und umsetzen. Sie werden euch nicht die Arbeit abnehmen, oh nein. Aber sie werden euch unterstützen, wenn ihr sie darum bittet, sodass ihr leichter versteht, lernt und die Notwendigkeit von Entscheidungen und Konsequenzen erkennt. Ab und zu könnt ihr euch ja einen „guten Tipp" von ihnen holen, wie man das eine oder andere handhaben könnte, um in die neue göttliche Ordnung für dieses Universum, für diesen Planeten hineinzupassen. In Wahrheit gebärt ihr euch selbst in die neue Zeit und in die neue Schwingungsebene durch diesen bewussten Prozess.

Dies mag auf den ersten Blick erstrebenswert erscheinen. Ist es auch. Aber ihr werdet immer wieder an selbst auferlegte und übernommene Grenzen stoßen, die ihr dafür auflösen oder durchbrechen müsst. Und das wird nicht immer einfach und angenehm sein. Vor allem für diejenigen unter euch, die den Prozess der Bewusstwerdung gerade erst beginnen. Doch ich möchte euch Mut zusprechen und euch dazu auffordern durchzuhalten und euren Weg trotzdem weiterzugehen, denn ihr wachst mit jedem Schritt, mit jeder Lektion oder Prüfung, mit jedem Zweifel und jeder Frage, mit jedem Erfolgserlebnis mehr in eure persönliche Freiheit hinein.

Ich weiß, es gibt viele unter euch Leserinnen und Lesern, die glauben, frei zu sein. Aber glaubt nicht auch ein Pferd, alles zu sehen, obwohl es Scheuklappen auf hat? Glaubt nicht auch jeder von euch, genau zu wissen, was euch gut tut? Glaubtet ihr nicht auch, die Erde sei flach? Und glaubtet ihr nicht auch so viele andere Dinge, wobei mittlerweile bewiesen ist, dass das Gegenteil davon der Fall ist? Ihr könnt (zumindest die allermeisten von euch) nur einen Bruchteil dessen erkennen, was euch beeinflusst. Sagen wir es konkret: Ihr merkt, dass ihr manchmal etwas kauft, worüber ihr eine Werbung gesehen habt und ihr merkt, dass ihr euch zu verschiedenen Anlässen unterschiedlich kleidet und verhaltet. Das ist ein Punkt, über den jede und jeder von euch nachdenken kann: Ihr verhaltet euch entsprechend den Umständen und Anforderungen anstatt vollständig ihr selbst zu sein, nichts von euch zurückzuhalten, zu verhalten also, um stattdessen die Regeln und Strukturen der Umstände zu hinterfragen und neu zu ordnen, falls notwendig.

Das ist typisch für Indigo-Kinder: Sie hinterfragen diese Sachen und suchen automatisch nach Lösungen für Situationen und nach optimalen Neuordnungen der Strukturen, sodass diese wieder stimmig werden. Deswegen werden sie oft als unkonventionell, als Querdenker und Unruhestifter bezeichnet. Doch eigentlich ist ihre Wahrnehmung bloß feiner als eure. Sie sind in ihrer Entwicklung den meisten von euch in dem Punkt voraus, dass in ihnen die neue Ordnung bereits integriert und „programmiert" ist, und dass sie sich deswegen an allem stoßen, was nicht an diese neue Ordnung angepasst ist, um es zu hinterfragen und zu verändern, sodass es in die neue Ordnung gebracht werden kann.

Dies ist die Aufgabe, die alle Indigokinder gemeinsam haben, die neue magnetische Ordnung auf der Erde zu verankern.

Je mehr Menschen sich durch bewusste Prozesse kompatibel und bereit machen für die neue Ordnung, um so leichter und schneller kann sie etabliert werden.

Indigos sind Übergangskinder, das heißt, sobald dieses Ziel der Etablierung und vollständig durchgreifender Verankerung der neuen Ordnung mit Hilfe dieser besonderen magnetischen Energien, die bei der Entwicklung behilflich sind, erreicht und durchgesetzt ist, besteht keine Notwendigkeit mehr, dass sie inkarnieren. Dann wird jeder inkarnierte Mensch und jedes Wesen auf der Erde diese neue Ordnung stabilisieren durch ihr Sein, Denken und Tun. Auch die gesamte Akasha-Chronik wird sich ebenfalls mit hinaufschwingen auf diese Entwicklungsstufe.

Wichtig ist mir jetzt nur noch zu erwähnen, dass es keinen Umweg gibt. Diese Erklärung ist für den „inneren Schweinehund“, die Egos und Besetzungsenergien, gedacht, die jetzt anfangen wollen zu verhandeln, ob es denn wirklich notwendig ist für dich, an dir zu arbeiten. Ja, es ist absolut notwendig und unabdingbar, dass du dich hinterfragst und veränderst. Wer sich nicht verändert, wer erstarrt oder bockig auf dem Alten beharren will, der „fliegt raus“ oder hat massivste Probleme im Leben, um doch endlich hinzusehen und um doch endlich Teil der Veränderung zu werden. Es gibt keinen bequemen Umweg und keine Ausreden. Und Wut auf mich zu projizieren, nur weil ich diese Worte ausstrahle (um euch zu helfen!) bringt euch nichts außer vielleicht der Erkenntnis, dass es irgendwo in euch einen Teil gibt, der mir zustimmt und die Wahrheit in diesen Worten erkennt. Dann könnt ihr euch eingestehen, dass ihr gar keinen Kampf gegen mich führt (das ist auch gar nicht möglich), sondern dass zwei oder mehrere Anteile in euch kämpfen. Eure Seelen wissen, dass dieser Entwicklungsschritt auf der Erde bereits angefangen hat, und für euch Menschen ist es einerseits Gelegenheit, andererseits Herausforderung, was ihr daraus macht und wie ihr damit umgeht. Eure Seelen waren bereit dazu, diese Entwicklungsphase in dieser Inkarnation zu erleben oder mitzugestalten, bevor sie euch erschufen.

Dieser Prozess der Veränderung wurde nicht von mir geplant und auch nicht von deiner Seele. Weder ich, noch du, noch deine Seele könnten ihn aufhalten, wenn wir es wollten und versuchten. Also höre besser auf, dagegen ankämpfen zu wollen und gib dich der Veränderung hin. Das macht vieles leichter und deine Seele kann dich dabei ganz wunderbar unterstützen.

Schau dir deine Ängste an, erkenne ihre Gültigkeit und Daseinsberechtigung, und sie werden sich beruhigen, denn du schenkst ihnen die Beachtung, die sie verdienen. Aber hinterfrage auch den Ursprung und die Auswirkungen der Ängste bei Gelegenheit. Du wirst erkennen, einige sind nicht ursprünglich deine, und du wirst sie gehen lassen. Du wirst bemerken, manche sind nicht real, und du wirst dich davon lösen. Heilung und Klarheit sind absolut Teil dieser großen Veränderung, und ihr habt alle wahrlich viel Unterstützung dafür und dabei. Nehmt sie an.

Mehr habe ich dazu jetzt nicht zu sagen.

Ich segne euch für euren Weg.

In Liebe, Kryon"

„Lieber Kryon, ich danke dir für dieses Channeling von Herzen. Danke."

Der goldene Farbstrahl

„Ich bitte **Pythagoras** *um ein detailreiches unpersönliches Channeling über den goldenen Farbstrahl."*

„Ja, Kind, was willst du wissen?

Man sollte meinen, dass du mittlerweile gelernt hast, konkrete Fragen zu stellen."

„Ich habe die Frage breit gefächert gestellt, um mir und dir alle Möglichkeiten zu antworten offen zu lassen.
Ich bitte dich um ein detailreiches, unpersönliches Channeling darüber, was der goldene Farbstrahl bewirkt und was seine Besonderheiten sind; wie und wozu wird er verwendet?"

„Lass die Konzepte im Kopf los. Sie haben ab jetzt keine Gültigkeit mehr.

Wenn du in die Ebene des goldenen Farbstrahls eintauchen möchtest, musst du unvoreingenommen sein. Ansonsten ist es dir nicht möglich, etwas zu verstehen.

So. Nun mache dich bereit, die goldenen Schwingungen in dir aufzunehmen.

Einfach sein
Aus dem Nichts
Alles schaffen
Aus den Fragen
Gebären sich sofort Antworten
Die Bedingungen
Sind bedacht
Doch nicht von einem Menschenhirn
Sondern vom Zentralsystem des Universums
Der goldene Strahl
Bringt Schwingung, Information, Struktur
Ins Leblose
Ins Leere
Ins Nichts
Erschafft das Leben
Und die Fülle
Und Alles
Die Vollendung
Frei von Perfektionsansprüchen
Deswegen perfekt
Aus Freude an der Variation
Die Vollständigkeit
Aus Mut zum Ungewöhnlichen
Das Außergewöhnliche

Aus Liebe
Alles

Der goldfarbene Farbstrahl bringt Information, Struktur und Schwingung in alles Sein. Er ist verbunden mit dem Ursprung dieses Universums, und das wiederum ist verbunden mit dem Ursprung aller Universen. So kommt über den goldenen Strahl die ursprüngliche höchste Schwingung zu den Seelen, die sich zu dem Dienst bereit erklärt haben, durch das Abstrakte den Menschen das Göttliche zu erklären.

Jene WissenschaftlerInnen und ForscherInnen, welche nach der Ursache hinter der Wirkung, nach dem Sein hinter dem Schein, nach dem Wirklichen und Wirksamen hinter dem Offensichtlichen suchen, sind mit den Schwingungen des goldenen Strahles gesegnet und werden beraten und unterstützt von Pythagoras, dem „Dolmetscher" für die ursprüngliche Wahrheit, für das ursprüngliche göttliche Wissen und Sein.

Die Aufgabe für diese Strahlenkinder liegt darin, zu fragen und sich zu öffnen für die Antworten, auch wenn sie ungewöhnlich scheinen mögen. Dann gilt es, die Antwort zu überprüfen, etwas zu beweisen und es schließlich den anderen Menschen zu erklären und damit die erlangten Erkenntnisse zu teilen.

Einerseits haben es diese Strahlenkinder manchmal sehr schwer, denn sie sind die vielleicht „weltfremdesten" unter den Strahlenkindern. Ihr Verstand funktioniert abstrakt und sie fühlen sich oft unterfordert und nicht wohl, weil sie natürlich hinterfragen, ob etwas mit ihnen nicht stimmt, weil sie eben anders denken. Andererseits verschafft ihnen das Deckmäntelchen, Wissenschaftler oder Forscher zu sein, wieder einen Vorteil gegenüber anderen Strahlenkindern.

Die Alltagstauglichkeit eines goldenen Strahlenkindes hält sich also teilweise sehr in Grenzen, denn sie verstehen, erkennen, speichern und lernen viel mehr und schneller als der Großteil ihrer Mitmenschen, jedoch normalerweise auch nur auf jenen Gebieten, die sie interessieren.

Das bedeutet, dass immer wieder sowohl Lehrer als auch Eltern vor dem Problem stehen, dass sie in wenige der bestehenden Systeme hinein passen, und sich im Durchschnitt auch nicht hinein zwängen lassen, sodass außerdem oft Unruhe ob der Ungeduld in ihnen herrscht. Diese Kinder werden immer wieder (wie viele andere Strahlenkinder auch) als verhaltensauffällig eingestuft. In den seltensten Fällen werden (leider immer noch) Maßnahmen ergriffen, die zum höchsten Wohle des Kindes wären, weil das sowohl Eltern als auch Lehrern bisher oft umständlich erscheint. Oft wollen sie nicht einmal nach Angeboten suchen, die für das Kind und sein Potenzial passend sind. Oft wird nach „Lösungen" gesucht, um das Kind und sein Potenzial so zu amputieren oder ruhig zu stellen, dass es in bestehende schulische, gesellschaftliche und soziale Systeme passt. Unnötig zu erwähnen, was für katastrophale Auswirkungen dies auf die Kinder oft hat, und wie viel bereits inkarniertes Potenzial auf diese Art und Weise verschwendet und zum Schweigen gebracht wird!

Manchmal „steigt uns Hütern schon die Galle hoch", wenn wir sehen, was ihr mit euren Helfern und Helferinnen macht, wie ihr sie behandelt und was ihr eingebildeten Menschen teilweise über sie denkt. Irgendwann werden es aber so viele Strahlenkinder sein, dass ihr sie nicht mehr als Randgruppe an den sprichwörtlichen Pranger stellen könnt, und dies nur aufgrund ihrer Andersartigkeit, sondern wo ihr anerkennen müsst, dass sie Teil der Gesellschaft sind und nicht mehr marginalisiert werden dürfen und können.

Schade, dass es jetzt noch nicht so weit ist!

Es gibt eine Redewendung, die sehr ironisch und spitz das formuliert, was ich manchmal denke: Solange ihr respektlos mit jenen umgeht, welche kommen um euch zu helfen, um euch zu dienen, so lange sind es Perlen, verstreut unter den Säuen.

Ihr könnt es euch nicht mehr lange leisten, so mit den Wissenden, mit den Forschenden, mit den Struktur Gebenden, mit den Liebenden und Vermittelnden unter euch umzugehen."

„Pythagoras, ich danke dir für diese Informationen. Ich bin überrascht über deine Worte. Sie klingen sehr emotional für mich."

„Sie sind nicht wirklich emotional, ein Wort an sich ist nur ein Wort. Der Zusammenhang, in dem es verwendet wird, die Betonung, die Situation von Sprechenden und Hörenden gibt ihm erst Bedeutung. Wir aus der geistigen Welt haben zwar keine Emotionen so wie ihr Menschen, aber fast jeder Hüter und jede Hüterin aller Farbstrahlen ist bereits inkarniert gewesen und kennt daher Emotionen. Wenn wir sehr eindringlich mit euch kommunizieren wollen und euch unbedingt zum Umdenken auffordern wollen, dann verwenden wir emotionale Wörter, Sätze und Formulierungen, damit eure Alarmglocken zu klingen beginnen und der Prozess des Umdenkens nicht in ferne Zukunft verschoben wird.

Dies ist eine Technik, die bei dem absoluten Großteil der Menschen funktioniert. So versteht ihr die Dringlichkeit in unseren Botschaften."

„Pythagoras, was empfiehlst du Eltern und Lehrern von goldenen Strahlenkindern für einen Umgang miteinander, der optimal und zum höchsten Wohle aller ist?"

„Bei Interesse auf einem Gebiet soll den Kindern so viel Gelegenheit wie möglich geboten werden, damit sie ihren Geist schulen, ihren Wissensdurst stillen und somit zu ausgeglichenen Menschen werden können. Es hat viele positive Nebeneffekte: Der Respekt und die Dankbarkeit Eltern und Lehrern gegenüber werden überwiegen; Erkenntnisse können erworben und auch anderen Menschen zugänglich gemacht werden; die Kinder machen die Erfahrung, nützlich und dienlich anstatt unangepasst und revolutionär zu sein; sie fühlen sich angenommen als Teil der Familie und der Gesellschaft.

Viele Probleme werden dadurch auf einen Schlag gelöst. Viele Probleme entstehen so gar nicht erst. Viel Ärger und Frust bleibt so allen Beteiligten erspart. Die Interessensgebiete der Kinder wechseln in der Regel immer wieder mal. Es wäre gut und nützlich, sie zu nichts zu zwingen, jedoch kann ein Gespräch mit einem aufmerksamen und ehrlich interessierten Zuhörer Wunder der Motivation bewirken. Jedes Strahlenkind möchte seine Kommunikation auf der Ebene führen, auf der es ist, das heißt, ein intelligentes und hochbegabtes Kind sollte nach Möglichkeit die Chance erhalten, sich auszutauschen auf dem Niveau, das es bereits erreicht hat. Jedes liebende Kind sollte sich in Liebe austauschen können, ohne ausgelacht, verletzt oder missverstanden zu werden, versteht ihr? Es ist ähnlich, als würde ein ukrainisches Kind nach Zimbabwe umziehen. Es würde die dortige Sprache lernen und nutzen, und trotzdem würde es sich freuen, ab und zu ein Gespräch in seiner Muttersprache zu führen. Ich kritisiere an dieser Stelle übrigens scharf das „Verschwindenlassen" von Erkenntnissen zugunsten des Stillstandes eines Systems aus kapitalistischen und gierigen Gründen oder aus Angst. Dies ist leider etwas, das tatsächlich gang und gäbe ist in der heutigen „Wissenschaft". Wissen wird nicht „geschaffen", um versteckt und verschwiegen zu werden, sondern um Fortschritt, Wachstum und Entwicklung zu fördern. Eigentlich sind es meist Eingebungen aus der geistigen Welt. Teilbereiche des Wissens werden nach und nach freigegeben, um euch zu dienen.

Längst müsste niemand mehr hungern, längst niemand mehr hart, schwer und gefährlich arbeiten, längst könntet ihr in Liebe, Achtsamkeit, Respekt und im Einklang mit der Natur leben, wohnen, euch fortbewegen und kommunizieren, euch nähren und bilden! Dies mag für euch unwahr klingen, aber ihr wisst nicht, wieviele nützliche und notwendige Ideen, Erfindungen und Erkenntnisse unmittelbar nach ihrer Entdeckung bereits „verschwunden waren". Es ist ein Graus.

Wir in der geistigen Welt finden es haarsträubend, abgesehen von unsinnig, unlogisch, kontraproduktiv etc., die Evolution aufhalten zu wollen.

Auch wir wissen nicht immer, was eine Veränderung an (direkten und indirekten) Konsequenzen und Auswirkungen mit sich bringt, doch wir wissen, es muss geschehen und es wird unweigerlich geschehen, was der Entwicklung und dem Wachstum dient. Diese Erkenntnis dürfte euch nach all den Schwingungserhöhungen, die bereits stattgefunden haben, endlich leichter fallen und somit werdet ihr bald aufhören, euch gegen die Veränderungen zu wehren. Es gilt nämlich sie anzunehmen und zu feiern, zu optimieren und nutzbar zu machen. Was macht es für einen Sinn, euch selbst zu boykottieren? Es ist eine Erfahrung, ich verstehe, dass ihr sie machen wolltet, aber es reicht doch schön langsam, oder?

Reicht es euch nicht?"

„Ich danke dir, Pythagoras, für dieses ausführliche Channeling. Gibt es noch etwas, das du uns jetzt mitteilen möchtest?"

„Ja. Ich segne euch und verstärke das goldene Strahlen der

göttlichen Erkenntnisse auf der Erde. Jene, die in Schubladen abgesperrt liegen und darauf warten, gefunden und genutzt zu werden, und jene, die ihr bereits habt und nutzt.

Ich segne euch.

Ich liebe euch.

Und wenn ich so klare, unmissverständliche Worte verwende, dann deswegen, damit ihr lernt. Ihr mögt es mir verzeihen, wenn ich mich dabei nicht immer an euren Höflichkeitscodex halte, aber Erkenntnisse sind mittlerweile wichtiger geworden als höfliches Geplänkel und sogenannte „Lobhudelei".

Ich bin in erster Linie ein Lehrer für euch und erst in zweiter Linie euer Freund. Doch egal in welcher „Rolle", Respekt und Achtung bringe auch ich jedem Wesen entgegen. Und das solltet ihr auch lernen – euch selbst und allem Sein zuliebe!

Ich segne euch, Pythagoras."

„Ich danke dir, Pythagoras."

Der pastellpinke Farbstrahl

„Ich bitte ***Laurita*** *um ein detailreiches, unpersönliches Channeling über den zartrosa/pastellpinken Farbstrahl."*

„Ich grüße dich. Was möchtest du denn wissen?"

„Ich möchte wissen, wie die pastellpinken Schwingungen auf die Strahlenkinder wirken, die damit inkarnieren?"

„Der zartrosa/pastellpinke Farbstrahl wirkt förderlich auf die Liebesfähigkeit. Wo Liebe gelebt wird, hat wenig anderes Platz, das jemandem schaden kann. Alle angenehmen Gefühle sind

Variationen der Liebe. Die Kinder des zartrosa Farbstrahls kennen und leben all diese Variationen. Aber sie leben zusätzlich dazu die Liebe und Gnade, die mit typisch menschlichen Empfindungen nicht so viel zu tun haben, weil sie sehr ruhig und unaufdringlich sind. Dies ist die Liebe der Urquelle. Dies ist die Liebe, die ein Schöpfer für seine Kreatur empfindet. Dies ist die Liebe, die Mütter oder Väter manchmal, in ganz besonders innigen, ruhigen Momenten für ihre Kinder empfinden. Dies ist die bedingungslose Form der reinen Liebe.

Wer dieses Gefühl kennt, weiß, dass daneben nichts anderes Platz hat. Wer so fühlt, ist im Gleichklang mit dem gesamten Universum, denn dieses Universum ist auf bedingungsloser Liebe aufgebaut.

Ich spüre in so manchem von euch jetzt Widerstand und eine enttäuschte Bitterkeit. Das liegt daran, dass ihr euch von eurem Schöpfer verraten und alleine gelassen fühlt. Auch Trauer schwingt mit wegen der vielen Verletzungen, die ihr erlebt habt. Gerade euch würde der Umgang mit einem meiner Schützlinge sehr gut tun. Durch ihre bloße Anwesenheit können sie bereits heilend wirken auf jene, die sich auf ihre angeborenen Schwingungen der Liebe und der Gnade einlassen.

Ich verwende im Folgenden das Wort „Gott", weil es das gebräuchlichste für die Urquelle allen Seins ist.

Gott hat euch nie verlassen, Gott lebt in euch. Bedingungslose Liebe bedeutet aber, dass ihr die Freiheit des Willens zugestanden bekommen habt. Gott liebt euch alle gleich. Ob ihr nun „gottgefällig" lebt oder ein Mörder seid, ist für die Urquelle allen Seins völlig egal.

Alles an eurer Welt und an eurem Leben, das euch nicht gefällt oder worüber ihr enttäuscht seid, ist Teil der Freiheit und Teil der bedingungslosen Liebe, die dies zulässt.

Ja, Gott lässt zu, dass Kinder geschlagen oder vergewaltigt werden. Aber Gott führt diese Taten nicht aus und stiftet niemanden dazu an. Gott liebt euch so sehr, dass er euch ermöglicht, euch auf sehr vielfältige Art und Weise zu erfahren: als Täter oder Opfer, als Zuseher oder Mitwisser oder als Mensch, der sich für nichts anderes interessiert als sich selbst und die Befriedigung des eigenen Egos. Als aufopfernde Helfer könnt ihr euch erfahren oder als Menschen im Einklang, als alles, das es zu erleben gibt auf der Welt.

Gott liebt euch alle gleich, jedoch befreit er niemanden von den Konsequenzen seiner oder ihrer Handlungen. Ein Mörder wird sein Karma abtragen müssen, und ein Friedensstifter vielleicht den Nobelpreis bekommen. Es liegt an euch, wie ihr euren freien Willen nutzt. Richtet ihr euch auf Liebe aus, wird euer Leben andere Wege und Wendungen aufweisen als wenn ihr im Krieg lebt und kämpft.

Doch kommen wir zurück zu den zartrosa Strahlenkindern. In ihnen ist die Liebe in einer sehr reinen Form verstärkt worden für ihre Lebenszeit als Strahlenkind. Teil ihrer Aufgabe kann es sein, für mehr Liebe in ihrer Familie und in ihrem Umfeld zu sorgen – ohne dass sie dabei predigen und bekehren wollen. Es reicht oft, einfach bewusst da zu sein und die bedingungslose Liebe auszustrahlen.

Es kann wichtig sein, dass in bestimmten Regionen (wo zum Beispiel viele Kriege oder viel Grausamkeit gelebt wurde) viele zartrosa Strahlenkinder inkarnieren, um die Schwingung der Region zu verbessern, um die Liebe dort zu verstärken und um diese Region schwingungsmäßig vorzubereiten auf die Schwingungserhöhung des gesamten Planeten.

Viele zartrosa Strahlenkinder machen ihren Dienst ohne viel Aufhebens und trotzdem ist er sehr wichtig.“

„Was ist der Unterschied zu der magnetischen Liebesschwingung der Indigo-Kinder oder zu der Magenta-Energie?“

„Den Unterschied macht die Schwingungsfrequenz der Liebe. Während die Indigo-Kinder richtige Veränderer und „Rebellen“ sein können, und die Magenta-HeilerInnen auch bewusst eingreifen in Prozesse, um mithilfe ihrer Potenziale heilsam zu wirken, ruhen die zartrosa Strahlenkinder völlig in sich. Sie greifen nirgends bewusst ein, sie leben einfach Liebe.

Natürlich haben alle Menschen und selbstverständlich auch Strahlenkinder Tage, an denen es ihnen leichter fällt, ihre Ursprungsenergien zu fühlen und zu leben, und manchmal fällt es ihnen nicht so leicht. Es kommt darauf an, ob sie in ihrer Balance sind, oder ob etwas ihre Aufgabe „stört“.

Zum Beispiel wird es einem Kind leichter fallen, bedingungslose Liebe zu leben, wenn es nicht geschlagen oder missbraucht wird. Andererseits (und dies ist niemals, und von niemandem als Rechtfertigung für solche Taten zu verwenden!) kann es sein, dass eine Seele noch Erfahrungen mit Gewalt sammeln möchte, auch als Strahlenkind.

Manchmal beschließt eine Seele, einem Familiensystem, in dem Gewalt vorkam, zu helfen und inkarniert in eine solche Familie. Dies ist ein absoluter Liebesdienst und gehört gewürdigt. Durch die bedingungslose Liebe, die dieses Kind den Familienmitgliedern entgegenbringt, kann es sein, dass Heilungs- und Transformationsprozesse in ihnen angeregt und eingeleitet werden. Den Unterschied macht, dass das Kind keine Resonanz zum Ausleben der Gewalt hat.“

„Laurita, sind diese Kinder dann nicht Opfer? Opfern sie nicht einen Teil ihres Lebens oder Wohlbefindens, um der gewalttätigen Familie zu

helfen?"

„Teilweise hast du recht, oft kommt es einige Male zu Gewalt bis sich die Wirkung der bedingungslosen Liebe einstellt.

Auf der bewussten, persönlichen Ebene des Kindes kann dies Narben hinterlassen. Doch die Seele kann keinen Schaden davontragen und wird das Kind nach Möglichkeit unterstützen bei allen Heilungs- und Vergebungsprozessen auf der persönlichen Ebene.

Sobald ein rosafarbenes Strahlenkind in eine Familie inkarniert wirkt die Liebesschwingung auf das gesamte Familien- und Ahnensystem befriedend und harmonisierend. Wer das nicht aushält, hält sich gewöhnlich von solch einem Kind fern. So kommt es beispielsweise vor, dass eine Mutter ihr Kind verlässt, weil sie so mit ihren persönlichen Problemen beschäftigt ist, dass sie die Schwingungen von bedingungsloser Liebe nicht zulassen kann – etwa aufgrund der Verletzungen, die sie selbst geprägt haben.

Es ist nicht immer leicht für meine Schützlinge auf der persönlichen Ebene ... Doch genau für ihre Lebensaufgaben wurden sie von mir und von ihren Seelen ausgestattet. Ihnen wird (genau wie allen anderen Menschen) nur das zugemutet, wovon wir sicher wissen, dass sie es handhaben können. Sollte jemals ein Mensch behaupten, es sei ihm zu stark und zu viel, sollte sich dieser Mensch ernsthaft fragen, ob er/sie denn die eigene Lebensaufgabe lebt. Falls nicht, kann das Bedrückende ein Hinweis darauf sein, die Lebensaufgabe herauszufinden und zu leben. Ansonsten sind es nur eure Angst und euer Zweifel, die euch schwächen. Denn jeder Mensch, egal wo und wie er lebt, wurde perfekt für sein Leben ausgestattet.

Warum? Weil dieses Universum auf bedingungsloser Liebe

aufgebaut ist und es sinn- und lieblos von euren Seelen wäre, euch vor Aufgaben zu stellen ohne Möglichkeiten, sie zu lösen. Dies kommt auf der Erde definitiv nicht vor, das kann ich mit absoluter Bestimmtheit sagen. Dies ist die höchste Wahrheit des Universums."

„Laurita, was ist der Unterschied zwischen den silber-blauen und den zartrosa Strahlenkindern?"

„Es geht wie gesagt um die Frequenz der Liebesschwingung. Die zartrosa Strahlenkinder haben eine direktere und intensivere Anbindung an die Liebes- und Gnadenschwingungen. Die silber-blauen Strahlenkinder erhalten die silber-blauen Schwingungen von Ishmael. Ishmael erhält die Liebesschwingung von mir und verändert sie leicht, damit die silber-blauen Strahlenkinder sie leichter auf der Erde verankern und leben können. Deswegen ist nicht weniger Liebe in den silber-blauen Strahlenkindern. Es ist nur eine andere Frequenz, die leichter in euren Menschenkörpern (so wie sie jetzt sind) lebbar und mitteilbar ist. Die Kinder des zartrosa Farbstrahls leben die bedingungslose Liebe intensiver."

„Kann es sein, dass Menschen mit dem sogenannten Down-Syndrom („Mongoloide") vor allem diese zartrosa Strahlenkinder sind?"

„Einige davon sind meine Schützlinge, ja. Aber nicht alle. Und auch völlig „normale" Menschen können mit den Schwingungen des zartrosa Farbstrahls inkarnieren.

Um sich jedoch völlig auf ihren Dienst und auf das Ausströmen der bedingungslosen Liebe konzentrieren zu können, müssen sich die Seelen immer etwas einfallen lassen, wie sie den

Menschen dies ermöglichen können – in einer leistungs- und konsumorientierten, arbeitswütigen Welt ist das nicht immer so einfach, aber die Seelen finden und schaffen schon Wege ..."

„Sind die Schwingungen zartrosa oder pastellpink?"

„Ist der Unterschied denn so groß?

Aber es gibt einen, ja. Wer diese Farbe bei jemandem im Geburtsmagnetchakra sieht, wird es vermutlich als helles Rosa bezeichnen. Deswegen habe ich auch dieses Wort verwendet. Doch tatsächlich ist es eine pinkfarbene Energie, die so weit mit göttlichem Licht gemischt wurde, dass die Explosivität dieser Energie auf genau das passende Maß reduziert wurde. Wegen des vielen göttlichen Lichts können diese Kinder liebend in sich ruhen. Sonst wären sie vermutlich „hyperaktiv" in ihrer Liebe, doch diese Energieform können viele Menschen nicht annehmen."

„Ist bei allen pastellpinken Strahlenkindern das Mischungsverhältnis von Pink zu göttlichem Licht gleich oder gibt es Abwandlungen?"

„Grundsätzlich bewegen sich alle Mischungen in einem sehr engen Spektrum des hellen Rosa. Aber es gibt kleine Abänderungen, die auf die jeweilige Lebensaufgabe und das zu erwartende Umfeld für das Kind angepasst werden.

Niemals könnte jetzt ein Kind auf die Welt geschickt werden mit reiner pinkfarbener Energie. Das hält euer menschlicher Körper und Geist noch nicht aus. Dies ist ein Farbstrahl, der vielleicht später in eurer Entwicklung (in einigen hundert Jahren vielleicht) eingesetzt werden kann – falls es notwendig wird."

„Laurita, was brauchen die pastellpinken Strahlenkinder, um optimal gedeihen zu können?"

„Viel Ruhe und Liebe. Sie tun nicht nichts, wenn sie regungslos da sitzen. Sie machen eine Form der Energiearbeit, die wichtig und hilfreich für alle Menschen und den gesamten Planeten ist.

Akzeptiert, dass es in einer Gesellschaft, die gestresst durchs Leben hetzt, auch Gegenpole geben darf. Diese Kinder wurden vom Universum geschickt, um euch allen zu helfen. Vergesst das nie im Umgang mit ihnen.

Auch wenn manche sich nicht selbst ihre Schuhbänder binden können, verdienen sie einen respekt- und würdevollen Umgang. Das Geschenk, das sie euch machen, könnt ihr ihnen sowieso nicht 1:1 zurückgeben."

„Laurita, gibt es noch eine Botschaft von dir, die in das Strahlenkinderbuch soll?"

„Ja. Wir lieben euch und segnen euch. Wann immer ihr Trost und bedingungslose Liebe braucht, könnt ihr euch an uns wenden."

„Vielen Dank, Laurita."

Der gelbe Farbstrahl

„Ich bitte den Hüter des gelben Farbstrahls mir einen Namen zu nennen, wie er genannt werden möchte."

„Nosapil"

„Ich bitte ***Nosapil*** *um ein detailreiches, unpersönliches Channeling über den gelben Farbstrahl, seine Eigenheiten, Besonderheiten, Aufgaben und Potenziale."*

„Der gelbe Farbstrahl steht für mehr Freude am Leben, für das Leben als Wunder, als besondere Möglichkeit oder „Geschenk Gottes" zu feiern und dankbar zu sein und Freude auszuströmen. Der gelbe Farbstrahl ist wie die Farbe Gelb verbunden mit viel Energie.

Kinder oder besser gesagt die Seelen, die als Menschen mit dem gelben Farbstrahl inkarnieren, brauchen viel Bewegung und Auslauf. Sie sind sehr energiegeladen in vielerlei Hinsicht.

Es besteht die Gefahr, dass sie verbissen werden, falls sie nicht lernen, ihre Gaben und ihr Potenzial angemessen und sinnvoll für sich und andere zu nutzen.

Sie „verfallen" leichter irgendwelchen Süchten, denn sie können viel Energie in etwas investieren, sich in etwas hineinsteigern.

Bei Menschen des gelben Farbstrahls kann es leicht sein, dass sie ihre Sexualität extrem intensiv ausleben, sie haben viel Ausdauer im Vergleich zu vielen anderen und sie lieben es, glücklich zu sein.

Auch das ist eine „fehlgeleitete" Extremversion, die im Wesentlichen als Missbrauch körpereigener Drogen gewertet werden könnte.

Diese Menschen brauchen ein Ziel, ein Projekt, in das sie ihre Kräfte investieren können. Sind sie ziellos, kann es sein, dass sie träge werden und abstumpfen oder dass sie dasselbe machen wie alle anderen: dem künstlichen Glück hinterherlaufen.

Das ist schade, denn ein Freudenquell sondergleichen wären sie, wären sie sich ihrer Aufgaben und Potenziale bewusst.

Sie brauchen, um sich optimal entwickeln zu können, Menschen in ihrer sozialen Umgebung, die Dankbarkeit und Freude am Leben in ihnen erwecken – wachküssen. Wenn der Funke einmal aufgelodert ist, führt das automatisch zu Suche und Weiterentwicklung bei ihnen. Einmal begonnen, endet ihre Suche erst mit dem Finden ihrer Selbst, ihrer Aufgabe für dieses Leben und der Werkzeuge, die ihnen ermöglichen, ihr Potenzial optimal zu nutzen. Generell kann man sagen, dass diese Strahlenkinder, die mit dem gelben Farbstrahl gesegnet wurden, eine große und wichtige Bereicherung für die Menschheit sind. Für eine Menschheit, die immer mehr verlernt, die Freude und Dankbarkeit am Einfachen zu erkennen und zu leben. Sie werden gebraucht, um den Übergang leichter und schwungvoller zu machen.

Viele Menschen werden erst von ihren Drogen ablassen, wenn ihnen von eben diesen Menschen vorgelebt wird, wie einfach es sein kann, Freude, Glück, Ekstase, Liebe und Dankbarkeit zu erleben. Viele haben vergessen, dass sie irgendwann auch ohne Drogen Spaß haben konnten.

Es wird Zeit, dass Feste ohne Drogen gefeiert werden, denn so ist die Freude ungetrübt und wirkt auf allen Bewusstseinsebenen der Menschen, der Menschheit, des Planeten und des Energiefeldes rund um die Erde.

Jede Freude und jedes Glück, das mit Hilfe von Drogen erlebt wird, verfälscht die Schwingungen von Freude und Liebe, Dankbarkeit und Glück.

Die Tendenz, die gerade noch sehr viel Kraft hat, muss sich ändern, muss verändert werden von den Leuten, die sie bis jetzt aktiv am Leben gehalten haben.

Um ihre Potenziale leben zu können, müsste bei den meisten Kindern des gelben Farbstrahls das Geburtsmagnetchakra freigemacht und aktiviert werden. *(Anm.: eine energetische Arbeitstechnik, um die ureigensten Energien, mit der eine Seele inkarnierte, wieder zu aktivieren und Störungen und Blockaden zu beseitigen)* Eure Gesellschaft hat sie teilweise „verdorben", das heißt, ihnen wurden viele Dinge vorgelebt, die im Gegensatz zu ihren Aufgaben, Überzeugungen und Potenzialen stehen.

Am Anfang wäre es wohl leichter, wenn Menschen, die dieses gechannelte Wissen haben und nutzen, sich mit Menschen des gelben Farbstrahls „zusammentun", der Freude zuliebe, des Feierns zuliebe, der Dankbarkeit zuliebe, um einen Neustart zu ermöglichen.

Und ich bitte hiermit alle Eltern von gelb schwingenden Strahlenkindern:

Begrenzt eure Kinder nur dort, wo sie sich selbst schaden; gebt ihnen viele und vielfältige Möglichkeiten sich auszuleben und auszudrücken; lasst euch begeistern, inspirieren und mitreißen, um das Leben zu feiern in all seinen Facetten!

Falls eure Söhne und Töchter Dinge tun, die außergewöhnlich sind, lasst sie gewähren, denn es entspricht dem mitgebrachten (teilweise) unbewussten Wissen um Dinge und Zusammenhänge, die man als Außenstehender, Unwissender nicht verstehen mag und die auf den ersten Blick sonderbar scheinen.

Wenn es etwas in euch stört, nehmt das bitte zuerst als Anlass, euch selbst und eure Störungen zu hinterfragen, bevor ihr die Entwicklung „eures" Kindes stört.

Viele Dinge sind noch nicht im Lot, und wenn solch ein besonderes Kind sich seiner Potenziale und des mitgebrachten Wissens bewusst ist, ist dies ein Geschenk für alle Personen, für alles Sein in seinem Umfeld.

Ich verabschiede mich fürs Erste und kündige meine Unterstützung für alle folgenden Aktionen an, die den Strahlenkindern des gelben Farbstrahls und der Freilegung ihres Potenzials dienen.

Auch werde ich, wenn ich darum gebeten werde, mit einer

gelben Farbsäule anwesend sein und wirken.
Ich segne euch."

„Ich danke dir. Nosapil, warum hast du diesen Namen gewählt?"

„Um einen Teil der Schwingung für dich in Buchstaben, in einem Wort zusammenfassen zu können."

„Entspricht **Ezekiel** *Nosapil? Ist es also nur ein anderer Name für dieselbe Energie?*
(Anm.: Als ich anfangs nach dem Namen fragte, kam Ezekiel, doch gleichzeitig hatte ich das Gefühl, dass es nicht ganz passt, deswegen habe ich Buchstabe für Buchstabe den Namen Nosapil gechannelt.)"

„Ja."

„Warum wurde nicht Ezekiel gewählt?"

„Um all das Vorwissen, das manche spirituelle Menschen zu haben glauben, nicht mit hier hineinzuziehen. Es gibt einige „Märchen", die über Ezekiel kursieren, und Nosapil kennt noch niemand."

„Ich danke dir. Bis bald!"

Der magentafarbene Strahl

„Ich bitte Zophyarah um die Namen der Hüter des magentafarbenen Farbstrahls."

„Laurita in Verbindung mit Aletia und Kryon.

Aletia und Kryon geben Lauritas Schwingungen die notwendige Intensität, gemeinsam halten sie die Schwingungen des magentafarbenen Farbstrahls."

„Ich bitte **Laurita, Aletia** *und* **Kryon** *um ein detailreiches unpersönliches Channeling über den magentafarbenen Farbstrahl und seine Eigenheiten und Wirkungen."*

„Liebes Kind, du fragst nach Informationen über die höchste magnetisch eingefärbte, also nicht-neutrale Liebesschwingung im Universum. In diesem zumindest.

Die durchdringende Kraft der magentafarbenen Energie heilt, liebt und optimiert, gibt Kraft und Anstoß für Schritte in eine positivere Richtung. Diese Energie kann nicht bei allen Menschen „problemlos" angewendet werden. Menschen, die süchtig werden nach dem „positiven Kick" der Magenta-Energie, denen schadet sie. Zu viel Rot ist zu viel. Das System kippt dann kurzfristig, damit alles wieder in die Balance kommen kann auf einem Level, das dem Entwicklungsstand des jeweiligen Menschen angepasst ist."

„Werden zur Zeit Strahlenkinder mit dem magentafarbenen Farbstrahl zur Erde gebracht?"

„Ja, aber meist in Kombination mit einer zusätzlichen Schwingung oder mit einer „eingebauten" Limitierung, sodass dieser Farbstrahl wirklich erst nutzbar und aktiv wird, wenn die Person sich bereits auf der Erde eingewöhnt hat und ehrlich danach sucht, ihren Dienst anzutreten. Dies hängt manchmal mit dem Erreichen einer bestimmten Altersgrenze, manchmal jedoch auch mit dem Erreichen bestimmter Entwicklungsstufen zusammen.

Jemand muss bereit sein dafür, mit Magenta-Energie zu arbeiten, sonst bekommt er keinen Zugang und keine Befugnis. Es hängt mit Verantwortungsbewusstsein zusammen, denn man kann jemanden damit überladen und die Person somit auf eine Entwicklungsstufe zurückschicken, die sie schon längst passiert hat. Wenn man einen permanenten Dauerauftrag mit magentafarbener Energie auf eine Person richten würde, könnte man damit Schaden anrichten und die Person in gewissem Sinne in einem ständigen Auf und Ab auf vergangenen Entwicklungsstufen festhalten. Deswegen ist es wichtig, keinen Dauerauftrag damit einzurichten.

Die magentafarbene Energie ist durchdringend und kann vielfältig angewendet werden, unter anderem auch um über das Selbst und das Ego zu lernen, um eine Person zu stärken, selbst wenn Fremdenergien, sogenannte Besetzungen, das verhindern wollen – denn die allerwenigsten Besetzungsenergien, die euch Menschen auf der Erde heimsuchen, sind stark genug, um Magentaenergie abzuwenden. Selbst wenn jemand trotzig ist und die Magentaenergie nicht annehmen möchte, dringt sie normalerweise durch."

„Was ist dann mit dem freien Willen und warum wird er umgangen, wenn es um das höchste Wohl eines Menschen geht, wenn er es doch nicht will???"

„Die Magenta-Energie wirkt zwar auf sehr hoch schwingender energetischer Ebene, aber durch das Rot der Erdung darin wirkt es relativ unaufhaltsam auf alle, auch auf die körperliche Ebene eures Seins. Deswegen ist sie mit Vorsicht, das heißt Maß und Ziel einzusetzen, und nicht wahllos. Sie ist kein „Allheilmittel", und nicht jeder Mensch braucht immer Magenta-Energie!"

„Bitte gebt mir Informationen über die magentafarbenen Strahlenkinder."

„Es sind dies die potenziellen Heiler, die die Schwingung auf der Erde leichter erhöhen können als alle anderen Strahlenkinder, denn der hohe Rot-Anteil bewirkt eine große Schwingungsanpassung auch im Materiellen.

Heilung, Schwingungserhöhung und persönliche Aufgaben sind die Grundthemen eines Magenta-Kindes."

„Gibt es noch etwas, das ihr mir/uns mitteilen wollt?"

„Ja. Wir segnen euch für euren Dienst und stehen euch mit unseren Energien und unserem Rat zur Verfügung, wenn ihr uns braucht. Wir segnen euch."

„Ich bedanke mich."

Der orange Farbstrahl

*„Ich bitte **Carl Jung** um ein detailreiches, unpersönliches Channeling über den orangen Farbstrahl, der sogenannte Strahlenkinder zur Erde bringt."*

„Es sind dies die Denker und Philosophen, Soziologen, Ethnologen, Psychologen der Gegenwart und Zukunft, die für die Aufgaben der Veränderung mit den Schwingungen des orangefarbenen Strahles gesegnet und ausgestattet wurden.

Orange ist die Farbe des Menschlichen hier. Es ist die Farbe, die unaufdringlich wärmt. Es ist auch die Farbe, die mit einem feurigen Schuss starke Veränderungen bewirken kann. Generell fühlen sich Menschen mit dieser Farbe in ihrer Nähe irgendwie wohl und geborgen, auch wenn sie sie nicht sehen, jedoch die Farbe in der Aura oder im Geburtsmagnetchakra einer Person vorkommt (oder dominant ist), die sich in ihrer Nähe aufhält.

Orange ist die Farbe, die ein Ungeborenes wahrnimmt, wenn die Sonne auf die Bauchdecke der Mutter fällt."

„Was ist mit der Bauchdecke von schwarzen Frauen? Da wird doch nicht die Farbe orange sein, wenn die Sonne draufscheint, oder?"

„Siehst du? Du aktivierst den orangen Strahl in dir und denkst und hinterfragst.

Du bist weißhäutig und ich habe es dir erklärt. Du hast es so wahrgenommen und dein Kind nimmt es so wahr.

Die dunkle Pigmentierung der Haut ist nicht etwas, das immer so war und es ist nicht etwas, das immer so bleiben wird. Es ist lediglich eine Anpassung an ein Umfeld, das für das Leben eines Menschen dort besondere Ansprüche stellt, und da sich einiges auf der Erde in „Kürze" verändern wird, werden einige Sondermaßnahmen eurer Körper überflüssig werden, so auch die sehr dunkle oder sehr helle Haut. Alle Extreme werden sich nach und nach einpendeln und mit der Evolution des Planeten mithalten. Doch du wirst dies nicht mehr erleben, da es sehr lange für euch Menschen dauern wird (mehrere hundert Jahre). Du erlebst und gestaltest den „Anfang" mit."

„Carl Jung, ich bitte dich um weitere Informationen über die orangefarbenen Strahlenkinder."

„Alles, was ich dir jetzt noch dazu sagen kann, ist eigentlich mehr Wiederholung des bereits Gesagten mit anderen Worten und aus leicht veränderter Perspektive oder mit leicht verändertem Fokus. Was interessant sein wird für Eltern, Lehrende und sonstiges „Erziehungspersonal" (grins) ist die Auswirkung dieser Kinder auf Familiensysteme, Klassengemeinschaften und die Gesellschaft.

Grundsätzlich kommen diese Kinder mit dem Potenzial zur Welt, sehr hohe ethische Prinzipien einzufordern, einzuhalten, zu bewahren, zu begründen, zu erklären, zu beweisen etc. Das bedeutet, die Herausforderung für alle ihre Mitmenschen wird im ständigen Zusammenleben sein, denn sie werden sich immer an den Dingen stoßen, die nicht in der göttlichen Ordnung oder im Gleichgewicht oder optimal für alle sind. Sie werden oftmals Anstöße zu Diskussionen (und hoffentlich Veränderungen) geben, denn sie hinterfragen alle Wertesysteme und Glaubenssätze, die verändert werden sollten.

Sie leiden mehr als alle anderen Strahlenkinder an sozialen und gesellschaftlichen, auch politisch und religiös bedingten Ungerechtigkeiten und fallen oft schon in sehr jungem Alter durch Kritik daran auf.

Einerseits sind sie in der Familie diejenigen, die nach Harmonie (selbstverständlich auf der Basis von Ehrlichkeit und Achtung) streben, doch sie gehen für dieses Ziel nicht immer einen Weg, der für sie und ihre Familienmitglieder oder ihr soziales Umfeld am angenehmsten, logischsten und direktesten scheint. Sie gehen den Weg, der effektiv am gründlichsten Veränderungen herbeiführt. Das mag sich zum Beispiel in einer Familie, die nicht ehrlich ist, darin äußern, dass das Strahlenkind sich auf eine Art und Weise verhält, sodass alle zur Ehrlichkeit gezwungen werden.

Ist die Ehrlichkeit erreicht, ist der nächste Punkt die Achtung vor sich selbst und allen anderen rundherum und grundsätzlich vor dem freien Willen eines jeden Menschen, der göttlichen Ordnung und den universellen Gesetzen.

Ehrlichkeit muss die Basis der Harmonie sein. Harmonie ist ein Zustand, der in der göttlichen Ordnung verankert ist.

Eine der größten Herausforderungen für euch Menschen dürfte sein, in eurer Familie mit Menschen zu leben, die ihr nicht achtet, denen gegenüber ihr aber nicht ehrlich genug seid, um darüber zu sprechen. Man kann jemanden auf einer Ebene lieben, ohne ihn auf einer (sagen wir zwischenmenschlicheren) Ebene direkt zu mögen."

Oder glaubt ihr, dass alle Eltern ihre Kinder mögen und alle Kinder ihre Eltern? Nein, zumindest nicht immer. Doch es gibt eine Ebene, wo sie einander lieben. Ist das jetzt ein Widerspruch oder eine Ergänzung?

Es ist eine Ergänzung, denn es ist ein universelles, natürliches Gesetz, dass Eltern und Kinder einander auf einer bestimmten Ebene lieben. Doch nicht alle Menschen sind fähig oder willens, dies zu erkennen und zu leben. Also ist es eine Ergänzung des eventuell bereits vorhandenen Gefühls des Hasses durch Verletzung, wenn jemand erkennt, dass es noch eine weitere Ebene gibt, auf der Liebe möglich und vorhanden ist.

Dies ist eine der großen Lehren, die jetzt anstehen und verstanden werden wollen – zu eurem Wohle! Denn die Widersprüchlichkeit von familien- und gesellschaftsinternem Mögen, Lieben, Hassen und Verachten spaltet euch so lange innerlich auf, bis ihr diese Lektion gelernt habt.

Dieser Widerspruch ist es, der euch einige eurer größten Probleme einbrockt, damit ihr lernt, endlich ehrlich zu euch und zueinander zu sein und damit ihr über die Begrenzungen eures verletzten Egos hinauswachst und euch zugesteht, dass es unterschiedliche Dinge in euch gibt, die womöglich gleichzeitig wirken und scheinbar in unterschiedliche Richtungen führen. Wenn ihr die Ehrlichkeit entwickelt, das anzuerkennen und euch einzugestehen, werdet ihr freier sein, und der Knoten in euch wird sich auflösen in Verständnis und Achtung.

Denkt an all die Situationen, in denen ihr glaubt, ihr solltet jemanden mögen – und ihr tut es nicht. Oder an den Mut, den ihr aufbringen müsst, um ehrlich zu sein. Niemand behauptet, dass es leicht – oder schwer – wird. Doch es ist der Weg, der euch zu euch führt. Es ist der Weg, der euch in die göttliche Ordnung führt.

Damit ihr das lernt, dafür sind diese Kinder da. Beachtet sie und das, was sie sagen und in euch bewirken. Nehmt diese Veränderungen als Geschenk Gottes an. Als Unterstützung auf eurem Weg.

Und bedankt euch ab und zu mal dafür.

Ich segne euch und wünsche euch gutes Gelingen für euer Lebenswerk und euren Lebensweg!

Carl Jung"

„Ich bedanke mich für diese Informationen, für diese Lehre, die definitiv vielen Menschen nützen kann, wenn sie sich dazu entscheiden, sie anzunehmen, und für dieses Channeling.

Ich habe noch eine Frage: Warum bist ausgerechnet du, der du uns als C.G. Jung ein Begriff bist, der Hüter dieses Strahls, und warum bist du noch so kurz vor der Übernahme dieser Aufgabe auf der Erde inkarniert gewesen?"

„Meine Seele ist dazu bereit und fähig, diese Aufgabe auszuführen. Ich stehe gern in diesem Dienst. Meine Inkarnation als C.G. Jung war einerseits, um einige Vorinformationen zu streuen, andererseits um mich wieder daran zu erinnern, wie es ist, als Mensch auf der Erde zu leben. Und schlussendlich gab es noch die eine oder andere Erfahrung, die mir wichtig, interessant und nützlich für meine jetzige Aufgabe erschien, die ich noch machen wollte, um optimal vorbereitet zu sein."

„Wusstest du vor deiner Inkarnation bereits, dass du später diese Aufgabe übernehmen würdest?"

„Ja, denn für uns Seelen gibt es keine Zeit. Da stimmt etwas nicht in eurer Denkweise. Ich möchte es euch erklären:

Für eine Seele gibt es keine Zeit, sondern nur Entwicklung. Eine Seele weiß immer schon einiges Grobe im Voraus für jede Inkarnation, die Feinabstimmung wird jedoch „vor Ort" und kurz vor dem Eintritt ins Leben vorgenommen. Und jenseits davon und jenseits auch des freien Willens, den ein Mensch während der Inkarnation der Seele hat, gibt es einige Dienste, für die sich eine Seele melden kann, und darauf bereitet sie sich unter anderem auch in diversen Inkarnationen vor. Das nennen wir Entwicklung."

„Danke."

Der rosa-grüne Farbstrahl

„Ich bitte **Newahjac** *um ein unpersönliches, detailreiches Channeling über den rosa-grünen Farbstrahl, der „Strahlenkinder" zur Erde bringt, und seine Eigenheiten/Besonderheiten."*

„Sei gegrüßt, Tochter des Regenbogens.

Der rosa-grüne Strahl verbindet die Magie des Herzens mit der Magie des Herzens der Natur. Vertretern dieses Farbstrahls ist es möglich, mit allem Natürlichen zu kommunizieren.

Das höchste Ziel ist Heilung durch Erreichen von natürlichem Gleichgewicht. Manchmal ist der Umweg über Zerstörung und Reinigung von alten, unheilvollen Strukturen notwendig. Dafür haben die meisten Menschen noch wenig Verständnis, denn für euch kann sich das unter anderem in Form von sogenannten „Naturkatastrophen" äußern.

Das bedeutet zwar nicht, dass ein Strahlenkind, welches mit

den Schwingungen des rosa-grünen Farbstrahls ausgestattet wurde, mit einem Baum oder Stein sprechen kann, aber da nun mittlerweile doch einige von euch Menschen begriffen haben, dass alles in der Natur beseelt ist, könnt ihr euch vielleicht mit dem Gedanken anfreunden, dass diese Kinder (und es gibt auch bereits einige Erwachsene) mit dem Geist eines Baumes oder Steines oder Tieres oder dem einer Pflanze kommunizieren können.

Diese Strahlenkinder haben die Begabung, ihre Wahrnehmung auf (für die meisten von euch) unsichtbare Wesen in einem natürlichen Subjekt zu fokussieren und damit zu kommunizieren. Die Formulierung „natürliches Subjekt" wurde gewählt, weil es Objekte, die leblos und ohne Bewusstsein sind, in Wahrheit auch in der Natur nicht gibt. Nur der Mensch erschafft Objekte und leblose Konstrukte in seiner Fantasie, wo in Wahrheit Geist und Seele ist.

Viele von ihnen „sehen" diese Wesen auch. Für sie ist eine Blumenelfe genauso echt und real wie ihre Mutter oder der Couchtisch.

Diese Kinder fantasieren nicht, wenn sie euch erzählen, dass die eine Pflanze lieber woanders stünde oder nicht so viel Wasser braucht oder dass der Baum im Garten mit „Moses" angesprochen werden möchte oder dass unter dem Fliederbusch am Wegrand ein paar Elfen wohnen, die lustig und lieb sind.

Wir finden es arrogant von Menschen, die dies nicht wahrnehmen können, weil ihre Strukturen dafür einfach viel zu derb sind oder weil sie dafür nicht geschaffen wurden, dass sie diese Strahlenkinder Lügner und Fantasten nennen.

Viel mehr Sorgfalt und Achtsamkeit ist gefragt im Umgang mit ihnen, sonst verleugnen sie ihre Wahrnehmung eventuell so lange, bis sie selbst nicht mehr daran glauben.

Warum machen es die Erwachsenen den Strahlenkindern oft

so schwer, sich auf der Erde wohl zu fühlen? Viele Strahlenkinder des rosa-grünen Strahls erzählen mir, wenn ich sie „besuche“, dass sie sich in der Natur viel wohler fühlen als bei den Menschen. In der Natur haben sie echte, ehrliche Freunde, von vielen Menschen werden sie belächelt oder verspottet. Warum fällt es euch denn so schwer zu akzeptieren, dass es mehr gibt als das, was ihr wahrnehmen könnt?

Nutzt doch lieber die Weisheit und das Wissen und die noch intakte Kommunikationsfähigkeit mit allen Wesen der Natur, die diese Kinder verkörpern, um euch zu erweitern, um euch zu erinnern, um Heilung endlich auf angenehme Weise zu bewirken.

Es gibt einige Orte auf unserer Mutter Erde, die im Ungleichgewicht, in Unordnung sind. Bei einigen muss Mutter Erde Reinigung durch sogenannte Naturkatastrophen durchführen. Bei anderen würde es reichen, wenn ihr euch zusammenschließt und die Energien, die an diesem Ort gebraucht werden, um wieder ein natürliches Gleichgewicht herzustellen, an die richtigen Stellen zu leiten. Am besten lasst ihr euch von einem rosa-grünen Botschafter anleiten, denn er versteht am besten, was notwendig ist. Ihr Menschen könnt damit eurer Mutter Erde einige Dienste erweisen.

Ihr solltet nicht denken, dass ihr selbst die Heilung vollbringt, ihr bringt Mutter Erde „nur“ die Energien durch die Verwendung eures freien Willens, die sie braucht, um sich selbst zu regenerieren. In diesem Punkt sind eure Körper nicht anders als der Körper von Mutter Erde. Heilung kann immer nur von innen heraus passieren, aber manchmal ist es hilfreich und notwendig, von außen einen Impuls zu setzen.“

„Newahjac, was ist die Aufgabe, die alle rosa-grünen Strahlenkinder gemeinsam haben?“

„Nun, sie sind Botschafter, Dolmetscher zwischen der Natur und den Menschen, die verlernt haben, ihre Sprache zu verstehen.

Sie stehen im Dienste von Mutter Erde und helfen ihr auf sehr vielfältige Weise, sich zu regenerieren.

Sie sollen euch lehren wieder hinzusehen und hinzuhören, wenn Mutter Erde und ihre Helfer zu euch sprechen und euch etwas zeigen wollen.

Sie sollen eure Sinne wieder schärfen in dem Ausmaß, wie es euch möglich ist, für die Schönheit, das Heilungspotenzial und die gütige Weisheit der Natur. Sie sollen euch erklären, warum manche Dinge notwendig sind und andere endlich unterlassen werden sollen. Sie sollen euch helfen, euch Wege aufzeigen, wie ihr mit dem Planeten, auf dem ihr lebt und der euch nährt, in Einklang leben könnt.

Sie sollen euch und euer Umwelt-Bewusstsein wieder wachrütteln. Die Zeit ist vorbei, wo ihr noch sagen oder eher denken konntet: „Ich lebe rücksichtslos mein Leben, ohne auf die Bedürfnisse der Natur zu achten und beute sie aus oder unterstütze die Ausbeutung durch mein Konsumverhalten.“ Ihr bekommt laufend die Rechnung präsentiert, und Menschen, die so rücksichtslos leben, werden ihre Lehren unweigerlich erhalten. Die Schwingungsfrequenzen haben sich bereits erhöht. Dies ist unter anderem auch darauf zurückzuführen, dass viele Menschen „aufwachen“ und viele Strahlenkinder bereits da sind und wirken. Die Gesetze von Resonanz und Schwingungsangleichung zeigen schneller als bisher ihre Wirkungen und Konsequenzen. Dies ist nicht als Warnung oder Drohung zu interpretieren, es ist die Beschreibung einer Tatsache. Schaut euch um, hört Nachrichten, und es wird euch vielleicht „ein Licht aufgehen“, was im Einklang mit der Natur ist und was nicht.

Im Grunde ist es doch ganz einfach und logisch, aber da viele von euch zu stur sind (und Angst vor Veränderung haben – was komplett unnötig ist, denn Veränderungen kommen sowieso, ob man nun Angst davor hat oder nicht), und weder hören noch sehen woll(t)en, haben wir euch diese Strahlenkinder als Helfer geschickt.

Nun könnt ihr eure Augen nicht mehr verschlossen halten, ohne ein schlechtes Gewissen zu haben. Aber entscheiden müsst ihr selbst, ob ihr Teil der Veränderung sein wollt und euer schlechtes Gewissen ablegt (weil ihr aktiv mithelft), oder ob ihr euch weiterhin vor dem Fernseher verkriecht und euch Augen und Ohren zuhaltet und Angst habt vor der Veränderung.

Sogar im Fernsehen werdet ihr bereits ständig mit den Auswirkungen eures Tuns konfrontiert. Glaubt ihr denn wirklich an so viele Zufälle?"

„Was brauchen die rosa-grünen Strahlenkinder für ihre optimale Entwicklung?"

„Sie müssen gehört und ernst genommen werden. Es ist ihre Lebensaufgabe, für Heilung und Gleichgewicht in der Natur zu sorgen, und ihre Herzen sind darauf ausgelegt, die Kommunikation von Seele zu Seele zu fördern und zu ermöglichen.

Ab und zu wird solch ein Kind zu euch sprechen, und es wird euch Dinge erzählen, die es mit seinem Alter unmöglich gehört oder gelernt haben kann – achtet darauf und lernt!

Ab und zu werdet ihr spüren, dass ein Wesen aus der Natur durch den Mund und das Herz eines rosa-grünen Strahlenkindes spricht. Seid dankbar für diesen Dienst und für die Botschaften, die ihr somit erhaltet. Es ist nie zufällig, an wen die Botschaft gerichtet wird.

Und wir wissen, dass mache von euch, die gerade aufwachen,

manchmal überfordert sind, mit diesem Wissen und diesen Botschaften weiterzuleben, weil es bedeutet, dass ihr alles hinterfragen müsstet, was ihr in eurem Leben als Tatsachen, als garantiert angenommen habt. Vielleicht könnt ihr euch, wenn ihr bereits ein paar Schritte auf dem Weg zum Bewusstsein gegangen seid, vorstellen, wie viel auf den Schultern meiner kleinen Botschafter „lastet" ... Bitte, habt Respekt und Achtung vor ihnen und ihren Aufgaben, sie haben es verdient. Bitte unterstützt sie auf ihrem Weg.

Nehmt die Chancen zu wachsen wahr. Ich verabschiede mich und segne euch. In tiefer Verbundenheit, Newahjac."

Der blau-grüne Farbstrahl

„Ich bitte Ivanor um ein unpersönliches, detailreiches Channeling zu dem blau-grünen Farbstrahl."

„**Lonar** wird dir antworten.

Ich grüße dich, Meisterin der Fragen ... Es ist noch nicht an der Zeit, dass ihr Wissen zu diesem Farbstrahl braucht."

"Gibt es bereits Kinder auf der Erde, die mit diesem Farbstrahl kamen?"

„Sie kommen gerade."

„Kenne ich jemanden, der so ein Kind bekommt?"

„Ja. Aber noch nicht jetzt."

„Was sind die Schwingungen des blau-grünen Farbstrahls?"

„Klar-natürlich-ehrlich. Es geht um die Einheit von klarem Geist zusammen mit Erdung und Naturverbundenheit. Keine Luftikusse sondern Menschen mit klarem Weg und Ziel, Macher „für die gute Sache“. Umwelttechnologen könnten sie sein/werden. Nachhaltige Bewirtschaftung der Böden, Umgang mit Ressourcen ohne auszubeuten – das sind die Ziele.

Viele Erdverbundene können nur im kleinen Rahmen ihre Ideale und Ideen umsetzen. Diese Kinder des blau-grünen Strahls werden das Ganze organisieren, planen und die Umsetzung an den richtigen Stellen ankurbeln.

Sie werden Situationen und Dinge ermöglichen, die ihr bis jetzt nicht für möglich haltet – Heilung und Regeneration der Erde durch ihr Wissen und ihr Wirken.

Es war früher nicht möglich für diesen Farbstrahl, Kinder hierher zu begleiten und mit seinen Schwingungen zu segnen, weil die Elterngenerationen diese Schwingungen nicht ertragen sondern ausgetrieben und somit die Persönlichkeit „gestört“ und deren Seelenaufgabe unmöglich gemacht hätten.

Schön langsam sind die Schwingungen der Menschen und der Erde gewachsen und nun endlich empfänglich für diese Umgestalter.

Es gab einzelne „Pilotprojekte“, die euch vorbereitet haben.“

„Warum wolltet ihr mir anfangs keine Informationen zu diesem Thema geben?“

„Um zu prüfen und dich aufzufordern, deiner Intuition zu vertrauen.

Die blau-grünen Strahlenkinder sind verbunden mit oben und unten, sie haben Zugang zu mehreren Ebenen und vielen unterschiedlichen Informationen. Es gibt zwei Hüter dieses Strahls: Newahjac und mich.

Die Auswirkung des blau-grünen Farbstrahls auf die Fähigkeiten dieser Kinder sind mehr als die Summe der einzelnen Strahlen, da diese bereits vor der Inkarnation eine Vermischung und Anpassung durchlaufen haben. So wirken sie intensiver und präziser.

Ich lerne hier mich zu bewähren, um diese Aufgabe vielleicht einmal vollständig übernehmen zu können. Momentan jedoch bin ich froh und stolz, meinen „Rücken" mit den Schwingungen und der Weisheit und dem Wissen von **Newahjac** gestärkt zu wissen."

Der rostfarbene Strahl

*„**Jesus und Maria**, ich bitte euch, in diesem Channeling zu beantworten: Wozu sind die Strahlenkinder da, die mit dem rostfarbenen Strahl zur Erde gebracht werden, und was bewirkt der rostfarbene Farbstrahl?"*

Die rostfarbenen Strahlenkinder sind da, um von unten, aus dem System der Erde und der Menschheit heraus, dasselbe zu bewirken und zu erreichen wie wir hier draußen. Wir vom Ashtar-Kommando arbeiten eng mit den Seelen zusammen, die mit den Energien des rostfarbenen Strahls inkarnieren. Oft sind es Dienstseelen, die bereits über längere „Zeit" im Ashtar-Kommando oder ähnlichen Programmen tätig waren.

Oft sind es sozusagen „alte Bekannte" und „Mitstreiter", die sich auf den Weg zur Erde und in ein Menschenleben machen. Und viel Verantwortung ruht auf ihren Schultern, doch das sind sie gewohnt von ihrer Entwicklung hier draußen.

Der rostfarbene Strahl bewirkt eigentlich nur, dass sie nicht alles vergessen, wenn sie inkarnieren, und dass ihr Kanal zu uns offen bleiben kann. Es sind einfach mit dem rostfarbenen Strahl jene Schwingungen gemeint, die eine Mischung aus kosmischen und menschlichen Energien repräsentieren. So weit kosmisch, dass der Mensch noch „auf Empfang" ist, doch so menschlich, dass er (über-)lebensfähig in euren menschlichen Gesellschaften, Strukturen und Systemen ist. Der Clou daran ist, dass sie dazu da sind, das System sozusagen von innen heraus zu beeinflussen und zu verändern."

„Wie ist die Arbeitsweise dieser Strahlenkinder, wie könnte die Lebensaufgabe solch eines Kindes aussehen?"

„Nun, grundsätzlich empfangen all diese Kinder – manche im bewussten Wach-Zustand, andere in Meditationen oder im Schlaf oder wie du in einem Channeling – Informationen aus dem Ashtar-Kommando. Die, welche bewusst damit arbeiten, haben meist einige Ansprechpartner, an die sie sich konkret wenden können, um einen Informationsaustausch zu erreichen. Die anderen empfangen „nur" Informationen und wissen nicht von wem und warum. Einige, die laut darüber gesprochen haben, sind (früher vor allem, aber es kommt auch heute noch vor) sogar in Irrenhäuser eingewiesen worden. Deswegen ist es wichtig, diesen Kindern klar zu machen, woher diese Informationen kommen. Das kann dadurch begünstigt werden, dass ihr magnetisches Geburtschakra geöffnet und aktiviert wird. Doch Vorsicht, es kursieren einige Gerüchte, Märchen und Halbwahrheiten über das Ashtar-Kommando. Diese Informationen wurden von Menschen gechannelt und als Tatsachen weitergegeben, die die Bedingungen nicht klar gesetzt haben für das Channeling, und die nicht ausreichend geschützt waren, sodass sich Energieformen einmischen konnten, die weder Teil des Ashtar-Kollektivs sind noch die selben Ziele haben wie wir.

Das heißt, ich kann gut verstehen, wenn ein rostfarbenes

Strahlenkind sich enttäuscht abwendet, weil es Informationen über das Ashtar-Kommando erhält, die nicht hundertprozentig rein sind.

Es tut mir leid, aber solange es so wenige reine Channelings gibt, die frei sind von Ego-Einflüssen und Interpretationen der Autorinnen und Autoren, so lange gilt es, sich entweder an reine Channelings zu halten oder die Informationen zu filtern. Eigentlich blinkt sowieso oft das „rote Signallämpchen“, wenn ihr eine Halbwahrheit hört, oder?

Nun, um optimal zu filtern, müsstet ihr Leser auch lernen, eurem Ego nicht zu viel Macht zu lassen. Wenn ihr euch an etwas stoßt, hinterfragt, ob es an euch oder an dem Gelesenen liegt. Dies würde bedeuten, dass ihr sehr lange an einem Buch lesen und euch damit beschäftigen würdet, doch es würde auch bedeuten, dass ihr mit Hilfe eines Buches und eurer Lernbereitschaft und Geduld mehr lernen, erkennen und verstehen würdet, als wenn ihr 100 Bücher lest. Qualität oder Quantität? Diese Entscheidung unterliegt – wie immer – eurem freien Willen, solange eure Seelenaufgabe nichts anderes, Spezielles vorsieht.

Kommen wir zurück zu den „rostfarbenen Strahlenkindern“. Ihre Aufgaben könnten sein: Durch das Empfangen von Informationen und Schwingungen aus dem Ashtar-Kollektiv das morphogenetische Feld der Erde und der Menschen „von innen heraus“, also aus einem menschlichen Körper und Geist heraus, zu verändern; die erhaltenen Informationen umzusetzen und zu verbreiten, denjenigen beim Verstehen helfen, die auf der Suche nach Erkenntnis sind; eine globale Vernetzung jener Energien zu initiieren, die notwendig sind für den Übergang der Menschen und des Planeten Erde in die „nächste Dimension“, das Aufbrechen von alten, unbrauchbar gewordenen Strukturen durch Hinterfragen, und sein, wer und was sie sind.“

Der rot-weiße Farbstrahl

„Ich bitte Metatron um ein unpersönliches, detailreiches Channeling, ob es einen roten Farbstrahl gibt, der Kinderseelen zur Erde bringt, und wenn ja, wer der Hüter des Farbstrahls ist."

„Ja, mein Kind, es gibt diesen roten Farbstrahl, und es verwundert mich, wie du darauf kommst, danach zu fragen."

„Ich benötige viele Informationen, die ich unter anderem durch Channelings sammeln möchte, denn ich arbeite an einem Buch über Strahlenkinder. Ich machte einst ein Channeling mit Medusa, die von einem roten Farbstrahl sprach. Ist dies der rote Farbstrahl, der Strahlenkinder zur Erde bringt und mit besonderen Energien segnet?"

„Nein, der rote Farbstrahl von Medusa wäre zu stark dafür, zu viel Aggressionspotenzial würde in beiden Richtungen Verwendung finden.

Es ist sehr gefährlich, mit dem roten Farbstrahl „herumzuspielen", deswegen teile dein Wissen nur mit den Personen, die du für verantwortungsvoll genug hältst, dass sie respektvoll und gesund damit umgehen. Ob sie es dann tun oder nicht ist ihre Prüfung. Aber es gibt einen rot-weißen Farbstrahl, der erst kürzlich für euch aktiviert wurde, und dieser bringt Strahlenkinder zur Erde. Die Hüterinnen des Strahls sind **Gabriela** und **Zophyarah**. Die eine ist euch bekannt, die andere ist neu im Reigen der HüterInnen der Farbstrahlen in diesem Universum."

„Kannst du mir bitte die Verbindung zu ihnen herstellen, ich habe ein paar Fragen an sie in Bezug auf die Strahlenkinder."

„Ja."

„Zophyarah und Gabriela melden sich zum Dienst durch Weitergabe von Wissen an. Wir sind jetzt hier, um deine Fragen zu beantworten."

„Ich danke Metatron für die Verbindung und euch für eure Präsenz. Ich schreibe an einem Buch über Strahlenkinder, um mehr Verständnis und Wissen für alle Suchenden auf diesem Gebiet verfügbar zu machen. Ich bitte auch euch um Unterstützung dafür. Bitte erzählt mir so detailreich wie möglich, warum es jetzt den rot-weißen Farbstrahl gibt und was seine Besonderheiten sind."

„Jetzt sind zum ersten Mal seit sehr langer Zeit an einigen Orten besondere Familienkonstellationen entstanden, die es einer Dienstseele ermöglichen, durch den rot-weißen Farbstrahl unterstützt und beeinflusst zu inkarnieren. Dieser Farbstrahl „hat es in sich". Es ist die Verbindung von materieller und unsichtbarer Energie in einem neuen Ausmaß möglich.

Lange, lange Zeit gab es keine Möglichkeit für Seelen, mit diesem Farbstrahl auf der Erde zu inkarnieren. Die Zeit ist jetzt reif für einzelne Menschen."

„Wie wirkt sich der rot-weiße Farbstrahl auf die Seele, den Geist und den Körper sowie den emotionalen Bereich eines Menschen aus?"

„Wenn ein Mensch mit den Energien dieses Farbstrahls gesegnet ist, öffnet sich sein Geburtsmagnetchakra automatisch und seine Energien kommen durch die Kombination von weißem mit rotem Licht voll zum Tragen.

Dieser Mensch wird unweigerlich seine/ihre Bestimmung wissen und leben. Es gibt Kontakte zu Vertretern sowohl der geistigen als auch der materiellen Welt. Die Wirksamkeit der Weisheit, repräsentiert durch den weißen Strahl, wird in der

Materie durch das Rot verankert.

Früher wäre es für die Mütter unzumutbar gewesen mit so einem Kind zu leben, denn die Mütter wären bereits in der Schwangerschaft durch die besonders intensiven Schwingungen völlig verändert worden. Sogar der freie Wille einer Frau mit niedrigem Bewusstsein hätte keine Chance auf Selbstbestimmung gehabt. So stark wirken diese Kinder. Und es bedarf einer besonderen Mutter und eines besonderen oder nicht weiter anwesenden Vaters, um solch ein Kind im Einklang mit den Grundregeln des Universums überhaupt zur Welt zu bringen.

Jetzt erst sind sich manche Frauen so sehr bewusst und wissen um viele Zusammenhänge und Bedingungen im Universum Bescheid, sodass ihr freier Wille und ihre Persönlichkeit nicht allzu sehr beeinflusst werden durch die Präsenz dieser Schwingungen.

Bei den meisten Kindern der anderen Farbstrahlen konnten die ureigenen Energien, die das Kind „mitbekam" während der Schwangerschaft, abgeschwächt werden, sodass ein Strahlenkind auch zur Welt kommen konnte durch Eltern, die nicht bewusst lebten und die keine Ahnung von der Verwendung ihres freien Willens jenseits vom Egoismus hatten.

Dies ist bei den Kindern des rot-weißen Strahls nicht möglich, da die stetige Aktivierung der ureigenen Energien, mit denen die Seele für dieses Leben ausgestattet wurde, eine Bedingung ist. Bei diesen Kindern sollte am Geburtsmagnetchakra *(Anm.: beim Bauchnabel)* nicht gearbeitet werden, da sonst die arbeitende Person Gefahr läuft, zu stark beeinflusst zu werden, und wenn der Unterschied der Schwingungsniveaus zwischen dieser Person und dem Strahlenkind zu groß ist, wird der Person schlecht oder sie kippt um, irgendetwas in ihrem Körper (oder alles darin) wird mit der hohen Schwingung nicht mithalten können, der Körper wird überfordert und „schaltet sich aus" oder bringt sich in Sicherheit.

Dies ist eine ernstzunehmende Warnung.

Die rot-weißen Strahlenkinder sind sehr präsent. Sie sind sehr aufmerksam, und ihnen entgeht nichts. Sie bekommen Informationen aus verschiedenen Ebenen, wenn sie eine Frage stellen (und sei es auch nur in Gedanken). Dies bedeutet auch, dass man sie nicht anlügen kann, außer man glaubt die Lüge selbst, und auch dann kann es sein, dass das Kind mehr Informationen dazu erhält und die Leute unbarmherzig „vor den Kopf stößt".

Es ist eine fordernde Situation für alle Personen, die in der Nähe eines solchen Kindes leben.

So ein Kind kann verschiedene Energien aus der geistigen Welt präsentieren (darin steckt das Wort „Präsenz"), das heißt es kann willentlich einen Zustand herbeiführen, in dem eine Energieform durch das Kind handeln und sprechen kann und zwar ohne jegliche Einmischung oder „Verunreinigung" durch die Persönlichkeit des Kindes.

So eine Person kann Energien für andere in einem solchen Ausmaß überbringen, dass es spürbar wird auch für Menschen, die spirituell und energetisch noch im Halbschlaf sind oder noch schlafen wollen und sich gegen das Aufwachen sträuben. Diese rot-weißen Strahlenkinder dulden kein „Nein", wenn auf höherer Ebene ein „Ja" gefunden wurde. Dadurch und durch die Konsequenz, mit der sie durchs Leben gehen, helfen sie vielen Menschen beim Aufwachen und sind vor allem im Kindesalter, sofern sie erkannt werden, als das was sie sind, beeindruckend. Es wird wohl einige Menschen geben, die sie meiden oder mit ihnen streiten wollen.

Es mag für euch auch nicht leicht sein, einen so unerbittlichen Indikator vor euch zu haben, der oft mehr weiß als ihr selbst und der sich nicht scheut, das auszusprechen, was er wahrnimmt ...

Dies ist ein Gefahrenpotenzial für diese besondern Kinder, da sie eventuell ausgegrenzt werden. Eure Gesellschaften sind so unehrlich geworden, dass euch die Wahrheit manchmal zu verletzend erscheint.

Doch dies ist nun einmal der Weg der Entwicklung. Sie basiert nicht auf Lügenmärchen sondern auf Erkenntnis.

Hast du noch weitere Fragen?“

„Ja. Worin besteht die Grundaufgabe der rot-weißen Strahlenkinder?"

„Euch wieder die Wahrheit und das Leben in eurer Wahrhaftigkeit zu lehren. Sie sind euch gute Lehrmeister. Auch aus ihrer Art zu leben könnt ihr viel lernen.

Euch auf gewisse Zusammenhänge und Wirkprinzipien aufmerksam zu machen, die die meisten von euch nicht verstehen. Euch zu erklären, warum diese zusammen wirken und was das Ergebnis sein wird. Sie werden euch wieder die Achtsamkeit vor euren Gedanken und Wünschen, Zielen und Hoffnungen, von Unaufgelöstem in eurem Leben lehren.

Hört gut zu und lernt von ihnen anstatt sie auszustoßen. Ihr tut euch damit selbst einen Gefallen.“

„Was ist eure Aufgabe als Hüterinnen des Strahls?“

„Wir sorgen dafür, dass die Seelen optimal ausgestattet werden für die Inkarnation als rot-weißes Strahlenkind. Wir begleiten diese Kinder durch ihr Leben, spenden Trost, wenn sie traurig sind und helfen ihnen zu verstehen, wie sehr sie gebraucht werden, auch wenn sie nicht von allen gemocht, verstanden oder akzeptiert werden.

Wir lehren sie, wie sie sich schützen vor allzu viel emotionalem Schmerz durch die Ausgrenzung, die sie vermutlich erfahren werden, und wir lehren sie, mit ihren Begabungen/Fähigkeiten sinnvoll umzugehen.

Dadurch, dass sich diese Kinder so bewusst sind, ist es für uns ein Leichtes, sie zu koordinieren, ihnen Anweisungen und Unterstützung zu geben, wenn sie sie brauchen. Aber dasselbe bewirkt auch den größtmöglichen Konflikt. Dadurch, dass sie so bewusst und mehrerer Ebenen gewahr sind, wird es nicht immer leicht für sie sein, sich wohl zu fühlen, umgeben von so viel Unwissen und Unverständnis.

Sie werden einige Zeit brauchen, bis sie lernen, dass nicht alle so viel wahrnehmen und so viele intuitive „Ideen" (= Einfluss von Weisheit) haben wie sie. Du kannst dir das Dilemma vielleicht ansatzweise vorstellen."

„Was brauchen diese Kinder, um optimal „gedeihen" zu können?"

„Es wird Zeitpunkte geben, wo sie eine liebevolle Umarmung mehr brauchen als alles andere. Es wird Zeitpunkte geben, wo sie Bestätigung für ihre Wahrnehmungen brauchen werden. Es wird auch Zeitpunkte geben, wo sie alleine sein müssen, um sich zu erholen von den Lügen und dem Theater der Welt.

Ich würde sagen, ein wirklicher, ehrlicher Freund ist das, was sie sich wohl am meisten wünschen, damit sie auch einmal ungehindert durch die vielen Lügen und Halbwahrheiten, die zwischen den meisten Menschen Mauern, Burggräben und Fallgruben erschaffen, Spaß haben können. Sie brauchen mehr Ehrlichkeit und die Umsetzung der bereits erfolgten Erkenntnisse, Zuhörer, wenn sie etwas zu sagen haben und Liebe.

Ihr könnt euch noch nicht im Mindesten vorstellen, wie sehr ihr von diesen Kindern profitieren könnt. Beachtet sie – schon euch selbst zuliebe!"

„Ich danke euch von Herzen für das ausführliche Channeling."

Der schwarz-perlmuttweiße Farbstrahl

„Ich bitte **Metatron** *mir mitzuteilen, ob es einen schwarz-weißen Farbstrahl gibt, der Kinder zur Erde bringt, und wenn ja, wer dafür zuständig ist."*

„Ja, Schwarz-Perlmuttweiß.

Ich selbst bin der Beschützer und Lehrer dieser Kinder. Ich vereine in mir Salomon (den Weisen) und Luzifer. Beide haben Gültigkeit und sind „Symbol" für die Energien des hellen und des dunklen Lichts und die vielleicht „prominentesten Vertreter", die euch auf der Erde dafür bekannt sind. In anderen Kulturen haben sie andere Namen und sind mit Symbolen, Geschichten und Ideologien behaftet bzw. werden damit in Verbindung gebracht.

Das Konstrukt rundherum ist also von Kultur zu Kultur ein wenig verschieden. Grundsätzlich gehen viele Kulturen und Religionen von einer gewissen Polarität aus, die durch zwei Vertreter oder sogenannte „Götter", „Göttinnen", Geister oder Dämonen ausgedrückt wird, damit ihr Menschen, die ihr gewohnt seid durch Bilder und Geschichten zu lernen, euch überhaupt etwas vorstellen könnt.

In mir werden und sind also die hellen und dunklen Energien im Einklang, in absoluter Reinheit, Wahrheit, Gültigkeit und mit Respekt und Achtung vor- und füreinander vereint. Deswegen bin ich der Hüter dieses Farbstrahls."

„Ich bitte dich um Informationen bezüglich des Farbstrahls und der Strahlenkinder, die damit kommen. Was für Lebensthemen haben sie, welche

Aufgaben bringen sie mit?"

„Schwarz und Perlmuttweiß. Wobei weder das Schwarz ganz schwarz noch das Weiß ganz weiß ist, und beides „eine samtige schimmernde Textur" hat. Sie fließen zusammen ohne sich zu vermischen. Die Anteile von „Weiß" und „Schwarz" werden bei allen Kindern ein wenig unterschiedlich ausfallen, abhängig davon, welche Aufgabe sie sich vornehmen und wie sie es brauchen, um sie optimal erfüllen zu können.

Es ist eine besondere Herausforderung für Seele und Mensch, mit den dunklen und hellen Energien gleichzeitig zu inkarnieren und zu leben. Die Aufgabe besteht grundsätzlich darin, die Gegensätze in Harmonie, sprich: in der göttlichen Ordnung, in sich zu vereinen. Viele sind an dieser Aufgabe bereits gescheitert, weil die Konstellationen der hellen und dunklen Energien auf der Erde besonders fordernd sind für diese Kinder/Menschen, und sich immer wieder ins Ungleichgewicht bringen lassen. Es ist grundsätzlich die Aufgabe dieser Kinder, durch das Gleichgewicht in ihnen auf das Gleichgewicht auf der Erde einzuwirken und es zu stärken. Sie sind es auch, die ein Ungleichgewicht sofort spüren und intuitiv ausgleichen wollen. Das heißt konkret: Gibt es eine Ansammlung von Menschen und es überwiegen die hellen Energien, so gleichen die schwarz-perlmuttweißen Strahlenkinder einfach die Konstellation der Energien durch Dunkelpolarität aus. Und umgekehrt. Das ist teilweise sehr fordernd, weil es momentan auf der Erde so viele und teilweise so große Gegensätze und Unterschiede zwischen den einzelnen Menschen gibt.

Eine wohltuende Ruheoase zum Auftanken sind für diese Kinder nur Menschen und Situationen, die weder das eine noch das andere Extrem anstreben und auf den Ausgleich hinarbeiten. Also sind auch die sogenannten (selbsternannten) „Lichtarbeiter", die sich vor allem um das helle Licht kümmern und meist mit ihrem Schatten absolut nicht vereint sind, anstrengend für diese Kinder. Denn sie versuchen meist, das helle Licht in ihnen zu stärken, und das bringt diese Kinder unter Umständen nur noch mehr ins Ungleichgewicht.

Deswegen, solltet ihr jemals energetisch mit einem schwarz-perlmuttweißen Strahlenkind arbeiten, so fragt zuerst die Seele, was sie braucht, um ins Gleichgewicht, in Einklang mit sich selbst und der göttlichen Ordnung zu kommen, und wie sie diese benötigten Schwingungen/Frequenzen optimal auf- und annehmen kann. Denn nicht wenige von ihnen haben den anstrengenden Ritt auf „Messers Schneide" aufgegeben, weil es chancenlos erschien, und haben sich einem Extrem zugewandt. Deswegen können sie eventuell nicht „einfach so" das annehmen, was ihr ihnen im guten Glauben anbieten wollt.

Es ist auch für fast alle inkarnierten Menschen nicht ratsam oder empfehlenswert, manchen sogar unmöglich, mit diesen Kindern/Menschen energetisch zu arbeiten."

„Gibt es noch etwas, das in das Buch über Strahlenkinder über die perlmuttweiß-schwarzen Strahlenkinder oder den Umgang mit ihnen geschrieben werden soll?"

„Ja. Ihr sollt von ihnen lernen, die Gegensätze, die in euch sind und immer schon waren (weil ihr so auf einem dualen polaren Planeten geboren wurdet), zu akzeptieren, anzunehmen und in euch zu vereinen.

Ich segne euch.

Es verabschieden sich Salomon und Luzifer (Metatron)."

Der silber-blaue Farbstrahl

„Ich bitte ***Ishmael*** *um ein detailreiches, unpersönliches Channeling über den silber-blauen Farbstrahl und dessen Wirkung und Eigenheiten."*

„Der silber-blaue Farbstrahl birgt und trägt in sich die Schwingungen von Adamis.

Die meisten Dienstseelen, die momentan auf der Erde inkarnieren, werden mit diesen Schwingungen gesegnet und somit dahingehend beeinflusst und geprägt und ausgestattet, dass sie das Licht der Liebe in sich strahlen lassen können und bereit sind, die „Übergangsgenerationen" ins Wassermannzeitalter zu bilden.

Viele der Seelen, die mit dem silber-blauen Strahl inkarnieren, begegnen und erkennen einander. Sie bestärken und unterstützen sich. Es gibt einige Seelengruppen, die besonders häufig durch diesen Strahl geprägt werden wollen, wenn sie inkarnieren.

Diese Strahlenkinder bilden die breite Basis, auf der die Veränderungen in dem notwendigen Ausmaß möglich werden.

Selbstverständlich hinterfragen sie aus den Gedanken und Gefühlen von Klarheit und Liebe heraus die alten Systeme, die gegen die Menschen anstatt für sie arbeiten und funktionieren. Diese „Strahlenkinder" verweigern sich dem willenlosen und herzlosen Funktionieren und zeigen durch ihr Scheitern in den alten, nicht mehr auf der Menschen Wohl und Gesundheit ausgerichteten Systemen die Unzulänglichkeiten der sogenannten zivilisierten oder modernen Gesellschaften auf.

Ihr Scheitern steht eigentlich eher für das Scheitern der Systeme und kluge Menschen wissen dieses „Scheitern" zu lesen und zu deuten.

Nicht die Kinder sind es, die Rettung brauchen, viele eurer

Systeme und Automatismen auf der Erde gehören hinterfragt und angepasst an die neuen Bedürfnisse der Bevölkerung, also aktualisiert.

Diese Kinder helfen euch, das zu verändern, was ansonsten mit Sicherheit zerbricht. Es liegt an euch, ob ihr dieses Geschenk, das sie euch machen, mit ihrem „Scheitern" nutzt oder ob ihr den Zusammenbruch abwartet und provoziert. Jetzt keine Entscheidung zu treffen ist auch eine Entscheidung, und es wird Konsequenzen haben. Dies ist keine Drohung oder Warnung sondern es ist abzusehen oder abzuwenden durch die Einleitung und Durchführung der notwendigen Veränderungen.

Die Seelen, die sich bereit erklären, in ihrem Leben durch ihr „Scheitern" im Konventionellen darauf aufmerksam zu machen, erweisen euch einen Liebesdienst dadurch, dass sie durch ihre Lebensführung zum Denken auffordern. Es ist nicht länger möglich, sich auf der Vergangenheit auszuruhen, die Gegenwart muss verändert und eine harmonischere Zukunft erschaffen werden.

Wer sich dafür entscheidet, sich auf erreichten Lorbeeren auszuruhen, wird überrollt von den Veränderungen, die eindeutig stattfinden werden. Die Wahl, die ihr habt, ist, Teil der Veränderung zu sein oder davon total überfordert zu werden, weil ihr irgendwann nicht mehr Schritt halten könnt."

„Ishmael, wie ist deine Aufgabe in Bezug auf diese Kinder?"

„Ich leite und berate sie. Ich unterstütze sie. Nicht alle Strahlenkinder, die mit diesem Strahl kommen, sind sich dessen von vorneherein bewusst, sonst würden sich ja ihre Persönlichkeiten, also die Menschen mit ihren Egos, nie auf diese veralteten und unnützen Systeme einlassen und könnten euch auch nicht zum Umdenken anregen.

Ich unterstütze diese Kinder auf ihren Wegen und gebe ihnen (oft unbemerkt) Kraft, Mut und neue Energie, damit sie trotz aller Widrigkeiten, die sie erfahren, und trotz aller Hindernisse, die ihnen eure Gesellschaften und Gewohnheiten in den Weg stellen, weitergehen und „dranbleiben".

Viele dieser silber-blauen Strahlenkinder kommen erst im Erwachsenenalter darauf, dass sie einen Dienst durch ihr Dasein ableisten, werden sich also erst nachdem sie alle Systeme hinterfragt und/oder boykottiert haben (und dadurch „Unruhe gestiftet" haben) bewusst über ihre Aufgaben und Potenziale.

Ab diesem Zeitpunkt kommunizieren viele von ihnen bewusst mit mir, holen sich Rat und Unterstützung. Aber die meisten wissen trotzdem nicht, wer ich bin und dass ich den Rat und die Unterstützung „liefere", übersetzt von ihren Engeln oder Begleitern."

„Das heißt, sie glauben, dass sie von ihren Engeln geführt werden, aber in Wahrheit führst du sie und die Engel sind „nur" Dolmetscher und Verbindungsstücke?"

„Ja. Die Aufgabe eines Engels liegt im Schutz eines Menschen und darin, als Vermittler zwischen den Menschen und der restlichen geistigen Welt zu dienen. Ich zähle in diesem Fall auch zur „restlichen geistigen Welt". (grins)"

„Ishmael, gibt es noch etwas, das du mir und den Lesern des Strahlenkinder-Buches mitteilen möchtest?"

„Ja. Ich segne euch alle für den Mut, so unterschiedlich auf diesem Planeten Erde gleichzeitig zu inkarnieren. Ich habe Respekt vor allen Seelen, die diese Aufgabe angenommen haben, denn es kostet alle einen Preis, ob Strahlenkinder oder nicht, ob ihr nun die Entwicklung oder das Althergebrachte stützt, es ist für euch alle eine fordernde und spannende Zeit in dieser Inkarnation.

Und ich möchte betonen, dass keine Seele und kein Mensch besser ist als eine andere Seele und ein anderer Mensch. Alle, die ihr hier seid, habt ihr eure Aufgaben, eure dunklen und hellen Seiten, und eine Daseinsberechtigung. Deswegen, bitte hört auf, einander zu bevormunden und zu bewerten. Jegliche Arroganz und Überheblichkeit zeigt nur, wie wenig Liebe in euch ist bzw. gelebt wird, denn Liebe ist in euch allen. Immer.

Niemand ist etwas Besonderes im herausragenden Sinne von besser, wichtiger, interessanter. Alle seid ihr etwas Besonderes.

Und alle könnt ihr auf eure Art und Weise Teil der Weiterentwicklung sein, wenn ihr nur ehrlich seid und die Liebe in euch stärkt.

Nichts anderes ist für euch alle gültig.

Nichts anderes ist wichtiger für alle gleichermaßen.

Deswegen segne ich euch mit Liebe und Klarheit und Respekt.

Ishmael“

„Raphael möchte euch auch segnen. Bitte empfangt die Schwingungen der Liebe und der Aufrichtigkeit auch von ihm.“

„In Anlehnung an dieses Channeling gibt auch Adamis seinen Segen hinzu. Möge er euch stärken und bestärken, nach eurem Weg zu suchen, ihn zu finden und euch ermutigen, ihn zu gehen und stolz, ehrlich und liebevoll zu leben!

Ich grüße euch,

Adamis“

Der lila Farbstrahl

„Ich bitte ***Leonidas*** *um ein detailreiches, unpersönliches Channeling über den lila Farbstrahl, der Seelen zur Erde begleitet, und seine Eigenheiten."*

„Ach, der lila Farbstrahl ist schon ewig da, er ist uralt und hat in vielen unzähligen Universen schon gute Dienste geleistet.

Jetzt ist halt auch euer Universum ´dran´."

„Werden viele Seelen mit dem lila Farbstrahl zur Erde gebracht?"

„Ja. Jetzt gerade sehr viele, es ist der erste große Schub. Dann wird er nur vereinzelt eingesetzt werden bis es Zeit wird für den nächsten Schub. Doch das kann lange dauern ... oder auch ganz kurz. Jedenfalls ist es mir wichtig zu sagen, dass dieser Farbstrahl nicht neu ist auf der Erde, er wurde nur sehr selten eingesetzt.

Er ist keine „Mischform" des rosa-pinken und blauen Farbstrahls sondern er existierte vor ihnen. Am Anfang war das Licht, helles/weißes Licht. Dann kamen Gold, Silber, Rosagold, die Mischformen von Weiß bis Lila (sehr helles Lila bis dunkles, intensives Lila), dann Magenta und der Rest.

Ich weiß, dass die Eigenheiten, die „besonderen Eigenschaften", Gaben, Talente, ...wie ihr es auch nennen mögt, genau die Entsprechung wie eine Mischform von Rosa (Liebe) und Blau (Klarheit, Intellekt) hätten, aber ich mag die Bezeichnung „Mischform" dafür nicht.

Dies ist ein Begriff, der bei vielen Menschen eine unangenehme Konnotation hat: Etwas, das nicht rein ist.

Doch dieser Farbstrahl ist sehr rein.

Wie gesagt ist hier sehr viel Potenzial für Liebe, Intellekt und Klarheit – in vereinter und reiner Form.

Ihr könnt, wenn ihr Wahrheit schätzt, die Strahlenkinder nicht mehr so hart einteilen in die verschiedenen Farbkategorien und Zugehörigkeiten zu bestimmten Farbstrahlen, denn der ursprüngliche Plan wurde abgeändert.

Es gibt Seelen, die ausschließlich von einem Farbstrahl begleitet und „gesegnet“ werden, aber die Mehrzahl wird von mehreren begleitet werden, denn es ist notwendig. Es inkarnieren noch so viele andere Kinder und die Anzahl der Seelen, die mit Hilfe eines Farbstrahls kommen wollen, ist sehr groß.

Das und eine Eigenheit, die mit eurer Zeit zu tun hat – die Forderung, die an die meisten Menschen gestellt wird, dass sie vielseitig (begabt) sind – machen es erforderlich, dass viele Seelen von zwei oder mehr Farbstrahlen auf die Erde begleitet werden.

Dies ist nicht schlecht(er) oder gut (besser), es ist einfach nur eine Planänderung, die bekannt sein sollte unter euch Menschen. Es gibt noch andere Gründe für diese Planänderung, aber die sind für euch nicht relevant und die Zusammenhänge mit Inkarnationen in anderen Universen und Dimensionen sind zu komplex als dass ich sie jetzt hier erklären wollte.

Es wird eventuell bessere Zeitpunkte geben um darüber zu reden.“

„Gibt es etwas Bestimmtes, das den Kindern dieses lila Farbstrahls besonders gut tut und ihrer Entwicklung förderlich ist?“

„Ja. Verständnis, Liebe und die Bereitschaft der Mitmenschen des sozialen und energetischen Umfeldes, von ihnen zu lernen, Respekt vor ihnen und ihrer Aufgabe zu haben.

Die Grundaufgabe aller Seelen, die mit dem lila Farbstrahl kommen, ist es, die Menschen zu vereinigen im Sinne von: Es gibt viele Menschen, die entweder im Kopf oder im Herzen stark sind. Diese Kinder regen das Wachstum des jeweils schwächeren Teils der beiden an und sorgen für energetischen und tatsächlich spürbaren Ausgleich. Es gibt Menschen, die stark mit Hirn oder Herz arbeiten können, und beides ist stark, doch es herrscht ein alter Krieg zwischen den beiden und ihren Interessen. So glaubt der Kopf zu wissen, und viele andere mischen sich ein: Ego, Ängste und Befürchtungen, Einbildungen und feinstoffliche Wesenheiten. (Die Engel mischen sich nur im äußersten Notfall ungefragt ein.)

Und wären die Egos dieser Menschen, bei denen das so ist, nicht verletzt, wäre der Selbstwert derjenigen, die unter diesem Konflikt leiden, höher und es käme nicht zu der Beeinflussung und Gehirnwäsche, die aus freien, entscheidungsfähigen Menschen willenlose Konsumenten und Systemstützen macht. Es gäbe diesen Konflikt bei vielen erst gar nicht.

Nun ja, diese „lilafarbenen Seelen", so wollen wir sie jetzt nennen, leben vor, wie es auch anders sein kann und regen durch ihr Sein, durch ihr Denken, Sprechen und Tun an, dass das Gleichgewicht wieder hergestellt wird.

Das ist ihre Aufgabe. Und dann haben sie noch spezifische Aufgaben, die mit dem sozialen Umfeld, in das sie inkarnieren, zusammenhängt.

Ich verabschiede mich und grüße dich!

Im Namen des lila Lichts,

Leonidas"

Der zartgoldene Farbstrahl

*„Ich bitte **Lady Nadja** um ein detailreiches, unpersönliches Channeling über den zartgoldenen Farbstrahl, der Seelen zur Erde bringt, und seine Eigenheiten und Besonderheiten."*

„Mein Name ist Lady Nadja. Ich bin die Hüterin des zartgoldenen Farbstrahls. Mit diesem Farbstrahl werden jene Dienstseelen gesegnet, die für ihre Lebensaufgaben den Zugang zur geistigen Welt im Bereich der Feen und der Pflanzengeister, der Elfen und Kobolde und aller Naturwesen brauchen."

„Was ist der Unterschied zwischen den Kindern, die mit dem zartgoldenen Farbstrahl kamen und denen, die mit dem rosa-grünen kamen?"

„Einerseits die Art des Zugangs zur geistigen Welt. Während sich die rosa-grünen Strahlenkinder eher mit dem Geist in der Materie verbinden können, mit dem Geist einer Blume, eines Baumes, eines Minerals oder Tieres, können die Kinder, die mit dem zartgoldenen Farbstrahl kamen, sich mit den Wächter- und Hüterwesen über all diese beseelte Materie verbinden. Aufgestiegene Meister oder Engel gehören genauso dazu wie spirituelle Krafttiere, wie z.B. das Einhorn oder der Phönix. Die Feen oder Devas, wie sie auch genannt werden, haben die Aufgabe, sich um ein bestimmtes Gebiet bzw. einen Ort zu kümmern. Sie sollen dafür sorgen, dass immer Gleichgewicht gehalten oder hergestellt wird. Sie tragen nicht die Verantwortung für alles, was in ihrem Schutzgebiet passiert, sofern Wesen mit freiem Willen sich darin bewegen und darin handeln, also Menschen. Denn euch steht es zu, durch das Geschenk eures freien Willens Erfahrungen zu machen, die außerhalb der göttlichen Ordnung sind. Aber dennoch sind sie in gewisser Weise Hüter oder Wächter. Sie halten die Schwingung, so gut es ihnen möglich ist, trotz der ganzen Einflüsse von außen. Wenn es Probleme gibt in einem Gebiet, sind es immer die Feen oder die Devas, die versuchen dafür zu sorgen, dass die Dinge wieder in die göttliche Ordnung kommen.

Sie sind keine Kontrollorgane Gottes, keine Aufpasser oder

„Eltern“, sie sind einfach Dienstseelen, die dazu da sind, die natürliche göttliche Ordnung, die euch wie selbstverständlich vorkommt, weil die meisten von euch diese Wesen nicht sehen können, zu erhalten so gut es geht. Sie helfen bei Regeneration und Wiederaufbau. Sie unterstützen alle Wesen in deren Wachstum und Gedeihen. Sie bringen Gottes Licht und Liebe auf die Erde. Das ist ihre Aufgabe. Sie werden in Zeiten der fortschreitenden Umweltverschmutzung durch die Menschen dringend gebraucht. Sie sind die letzten Seelen, die gehen, wenn ein Stück Land verwüstet wird. Sie sind die ersten, die da sind, um Wachstum und Gedeihen möglich zu machen.

Und die Kinder des zartgoldenen Farbstrahls haben von Geburt an einen guten Zugang zu ihrer Welt. Sie nehmen sogenannte Fabelwesen wahr. Sie können mit ihnen spielen und kommunizieren. Die Aufgabe der Strahlenkinder, die mit dem zartgoldenen Farbstrahl kamen, liegt darin, die Feen, Devas, Elfen, Kobolde etc. bei deren Aufgaben zu unterstützen und auf sie aufmerksam zu machen, damit wieder mehr Achtung vor der Natur und ihren Wesen einkehrt bei euch Menschen. Auch können sie, wie bereits gesagt, mit aufgestiegenen Meistern kommunizieren. So manches Strahlenkind bekommt die eine oder andere Nachhilfestunde oder Lektion von einem aufgestiegenen Meister, doch die Kinder verwenden nicht so geschwollene Bezeichnungen für diese Art von Dienstseele. Sie sagen einfach, dass sie unterrichtet wurden von einem Mann oder einer Frau, eventuell mit eigenartigem Aussehen, die ihnen sehr viele Fragen beantworten konnten. Meist finden solche Lehreinheiten in der Natur statt, da dort die Schwingungen von einer Fee stark genug angehoben werden können, sodass die Kommunikation und die Präsenz des Meisters oder der Meisterin möglich wird. Dort sind auch die Schwingungen der Menschen am höchsten, denn sie werden in der Natur wieder natürlich ausgerichtet und ausgeglichen. Auch das ist unter anderem den Feen zu verdanken. An einem Ort spazieren zu gehen, wo kein Leben mehr ist, lädt auch nicht energetisch wieder auf. An einem beseelten Ort spazieren zu gehen lädt jedes Lebewesen wieder mit natürlicher göttlicher Energie auf."

„Wie sehen die Aufgaben dieser Strahlenkinder konkret aus? Wie können sie den Feen helfen?"

„Einerseits ist es eine Wohltat für jede Fee, wenn sie erkannt und geschätzt wird für ihre Arbeit. Wenn ihr gedankt wird. Wenn ihr zugehört wird. Denn die Feen wissen alles über das Stück Land, über das sie wachen. Alles. Für sie gibt es keine Begrenzung in der Zeit, wie es sie für euch gibt, sondern sie können sagen, was auf diesem Stück Land schon alles passiert ist. Sofern keine Menschen involviert wären, könnten sie sagen, was auf diesem Stück Land noch alles passieren wird. Doch nur noch selten kommt es vor, dass ein Stück Land gar nicht von Menschen aufgesucht wird. Die Kinder können von den Feen viel lernen und so das Wissen aus der geistigen Welt weitergeben. Die meisten von euch brauchen immer noch einen Dolmetscher für die Kommunikation mit der geistigen Welt der Feen. Das können diese Strahlenkinder. Die Kinder können von den Feen lernen, was notwendig ist an einem Ort, damit die Energien wieder ins Gleichgewicht kommen, und können die Feen bei deren Projekten unterstützen. Es gab bereits einige „fantasievolle" Menschen, die zusammen mit ihren Freunden einen kleinen Staudamm an Bächen gebaut haben, und dafür nur die Materialien verwendet haben, die in der Umgebung des Baches zu finden waren. Manchmal ist es genau das, was ein Stück Land braucht. Und ein andermal ist es vielleicht notwendig, einen alten Kühlschrank oder anderen Müll einzusammeln und richtig zu entsorgen. Und ein andermal ist es vielleicht notwendig, mit einem Lagerfeuer und einer Trommelrunde oder Gesang Energien zum Ausdruck zu bringen, die somit frei werden oder die gerade dort gebraucht werden. Die Strahlenkinder des zartgoldenen Strahls sind sowohl als LehrerInnen für noch nicht so weit entwickelte Menschen (die also nicht sensibel genug sind, um die Kommunikation mit den Feen selbst zu führen) als auch als InitiatorInnen für das, was notwendig ist um Gleichgewicht zu schaffen, gute und wichtige Verbündete für die Feen."

„Was brauchen diese Kinder, damit es ihnen gut geht und damit sie gedeihen können?"

„Viel Zugang zur Natur. Verständnis, wenn sie wieder mal mit schmutzigen Hosen nach Hause kommen, weil sie „im Dreck gespielt" haben. Geduld, wenn sie anfangen zu erzählen, was sie alles erlebt haben und die Anerkennung, dass es nicht Lügen sein müssen, nur weil ihr es nicht alle so wahrnehmt. Ein Umfeld, das bereit ist mitzuhelfen, die Dinge wieder ins Gleichgewicht zu bringen anstatt die Natur noch mehr zu vermüllen und zu zerstören.

Dass es wichtig ist ihnen zu glauben, ist bereits von anderen Hütern/Hüterinnen gesagt worden und auch warum. Ich wiederhole es trotzdem noch einmal in der Kurzform. Wenn ihr ihnen nicht glaubt und sie Lügner schimpft, gibt es zwei Möglichkeiten: Sie geben auf und verleugnen ihre Wahrnehmungen und Potenziale und können somit ihre Lebensaufgaben nicht oder nur schwer erfüllen, was zu erheblichen psychischen und emotionalen Blockaden und Problemen führen kann, oder sie bestehen darauf und werden richtige Eigenbrötler, die enttäuscht sind von der Menschheit, was das Leben für sie auch nicht einfacher oder genussvoller macht."

„Gibt es noch etwas, das du uns mitteilen möchtest?"

„Ja. Es gibt diese Ereignisse, wo viele Menschen auf der ganzen Welt zur gleichen Zeit beten, meditieren oder Heilenergie empfangen und weiterleiten. Das bewirkt gerade im Bereich der Feen und Elfen Erstaunliches. Es wäre schön, wenn ihr dies öfter mal macht. Ihr müsst es ja nicht gleich weltweit streuen. Es reicht doch schon, mit Freunden und Verwandten an einen Ort in der Natur zu gehen und nach kurzer Absprache und Erklärung die Energien durch euch fließen zu lassen, die das Stück Land braucht, auf dem ihr steht, um wieder ins Gleichgewicht zu kommen. Natürlich, je mehr Leute dies machen und je mehr Orte in den Genuss kommen, umso intensiver ist der Nutzen für alles Sein. Fangt lieber klein und bescheiden an und seid mit eurer Aufmerksamkeit und Bewusstheit dabei, als dass ihr Leute mitschleift, die sich langweilen und gar nicht verstehen, worum es geht. Aber fangt lieber mit wenigen Leuten an als gar nicht.

Damit können uns alle helfen, die dies wollen, unabhängig davon, ob sie uns wahrnehmen oder nicht.

Ich segne euch und danke euch.

In Liebe, Lady Nadja"

Der türkis-weiße Farbstrahl

„Gibt es einen türkis-weißen Farbstrahl?"

„Ja."

„Wer sind die Hüter dieses Strahls?“

„**Strength** und Lonar in Verbindung mit dem göttlichen Licht. Lonar nennt sich, wenn er in Verbindung mit göttlichem Licht ist, **Lonar Ani**. Dies hilft ihm, seinen Dienst besser durchzuführen, wenn er so genannt wird in diesem Kontext.“

„Gut. Dann bitte ich Strength und Lonar Ani um ein detailreiches, unpersönliches Channeling über die Schwingungen des türkis-weißen Farbstrahls und seine Auswirkungen auf die entsprechenden Strahlenkinder.“

„Dies ist der Farbstrahl, der einhergeht mit Kristallebenen, Erinnerungen an Inkarnationen in Atlantis, auf Kristallplaneten, auf interstellaren Raumschiffen und im Dienste der Schwingungserhöhung verschiedener Planeten und Ebenen. Jene, welche sich selbst als Kristallkinder bezeichnen, werden sich hier teilweise wiedererkennen.

Das Türkis steht für Atlantis auf eurem Planeten. Es steht für Wissen um das Arbeiten mit Kristallen. Das Weiß steht für Weisheit und großes Verantwortungsbewusstsein. Denn das braucht ihr, damit nicht wieder dasselbe passiert wie damals in Atlantis: Aufgrund von verantwortungslosem Verhalten, Respekt- und Rücksichtslosigkeit wurde mit den Ressourcen der Natur und einem abgehobenen, abstrakten Wissen ein „Supergau“ provoziert. Dies soll nicht wieder geschehen, und deshalb ist in dieser Kombination das Weiß des göttlichen Lichts mit dabei, um zu gewährleisten, dass Weisheit, Vernunft und ein Handeln im Sinne des Allgemeinwohles die abstrakte Arbeit mit Kristallwissen und Sternenebenen „kontrollieren“.

Die Erdenhüter-Kristalle und viele andere Kristalle tauchen wieder vermehrt auf. Dies ist kein Zufall. Sie können helfen, die Schwingungserhöhung in eher unangenehmen Phasen zu beschleunigen, sodass diese nur kurz andauern.

Die Kinder des türkis-weißen Farbstrahls haben oftmals angeborene Fähigkeiten in Bezug auf Kristall-Heilarbeit. Sie verfügen über ein intuitives Wissen, welcher Stein wie und wohin gelegt werden muss, um zum Beispiel Heilung oder Schwingungserhöhung zu erzielen.

Sie haben auch einen situationsbezogenen guten Zugang zu Informationen, die einen Heilprozess unterstützen und fördern können. Sind sie allerdings nicht gerade bei einer Kristall- oder Heilarbeit, können sie ein relativ „normales" Leben führen. Diesen Ausgleich brauchen sie auch, damit sie selbst heilsam wirken können. Setzt sich eine Person mit aktiviertem türkis-weißem Geburtsmagnetchakra in eine Menschenmenge, kann sie sogar bewusst heilend und klärend wirken, ähnlich wie ein Bergkristall, der ihrer Körpergröße entspricht. Die Person kann mit etwas Übung sogar sich selbst programmieren wie einen Bergkristall.

Aber natürlich kann nur wirken, worauf die Menschen rundherum Resonanz haben oder entwickeln. Deswegen ist es wichtig für diese Strahlenkinder des türkis-weißen Farbstrahls, dass sie den Kontakt zu den anderen Menschen und ihre Erdung nicht verlieren. Ja, es mag für viele sogar wichtig sein, diesen Dingen bewusst Beachtung zu schenken.

Selbstverständlich können diese Strahlenkinder Programmierungen in Kristallen erkennen und mit etwas Übung auch „entziffern", decodieren. Selbstverständlich können sie leicht vergrabene Kristalle finden und sogar mit den Kristallschichten im Inneren der Erde arbeiten.

Ihr Dienst liegt darin, den Menschen die Medizin der Kristallebenen wieder zu eröffnen, da es bald keine Pharmakonzerne mehr geben wird und sich wieder alles auf die Kräfte der Natur und deren Wirkungen besinnen wird. Kristalle sind Teil der Naturkräfte und wunderbare Hilfsmittel für viele verschiedene Arten zu arbeiten und zu heilen. Sie sollen wieder vermehrt genutzt werden – zum höchsten Wohle aller."

„Worauf soll im Umgang mit diesen Kindern besonders geachtet werden?"

„Auf nichts Besonderes. Sie sagen grundsätzlich selbst, was sie brauchen, interessieren sich häufig für verschiedene Planeten, Sonnensysteme und das Universum generell. Sie wollen Ruhe zum Arbeiten und Lernen und jemanden, der ihnen zuhört, wenn sie begeistert von ihren Erkenntnissen schwärmen.

Sie wollen Ehrlichkeit, Achtung für ihre Art zu sein und Liebe. Anerkennung tut ihnen natürlich auch gut, aber man sollte es damit nicht übertreiben, da starker Egoismus oft zu sehr harten, schmerzhaften Lektionen führt.

Sie wollen einfach so sein können wie sie sind und am besten damit auch ihren Unterhalt erarbeiten können. Man findet auch bereits erwachsene türkis-weiße Strahlenkinder. Sie sind Mineralienhändler oder Besitzer von Mineralienläden, sie sind spirituell-energetische Heiler und Heilerinnen, sie sind Wissenschaftler und Forscher im Bereich der Astronomie, sie sind Astrologen und Hellseher und auch sehr gute Channelmedien – wenn sie wollen und etwas üben. Ganz ohne Bemühungen geht natürlich nichts, aber sie haben dafür sehr gute Voraussetzungen, sofern sie ihr Ego unter Kontrolle haben."

„Vielen Dank!"

Der perlmuttweiße Farbstrahl

„Ich bitte **Ivanor** *um ein detailreiches, unpersönliches Channeling über* den *perlmuttweißen Farbstrahl und dessen Strahlenkinder."*

„Der perlmuttweiße Farbstrahl wird von **Uriel** betreut. Uriel wächst über die Kompetenzen eines Erzengels hinaus und hat sich dieser Aufgabe angenommen. Uriel wird in seiner Lern- und Eingewöhnungsphase von **Jesus** und auch durch mich (von allen anderen Hütern) unterstützt.

Der perlmuttweiße Farbstrahl wird noch relativ vereinzelt

eingesetzt auf der Erde, und bei vielen ist die Geburtsschwingung nicht aktiv, sondern auf Warteposition. Die Zeit ist noch etwas unreif dafür, dass diese Kinder ihre Potenziale ungestört leben könnten.

Während und vor allem nach der Zeit der großen Instabilitäten wird ihre aktive Phase kommen. Dann werden sich ihre Schwingungen entfalten können.

Die perlmuttweißen Strahlenkinder tragen in sich alle Farbenergien außer Schwarz, denn diese Energie ist in ihnen bereits transformiert in ein intensives Lila. Doch diese Farbstrahlenenergien sind noch wie eine verschlossene Blüte. Wenn die Zeit reif ist, wird sie sich öffnen und strahlende Farben werden sich wie Blütenblätter oder eine Farbpalette entfalten.

Diese Kinder sind eher ruhig und in sich gekehrt, sie lassen sich äußerst ungern aus der Ruhe bringen und legen Wert auf ein ausgeglichenes, harmonisches Umfeld. Sie sind keine Menschen, die voller Tatendrang auf Veränderungen hinarbeiten. Sie mögen keinen Streit in ihrem Umfeld. Wenn Vermittlungsversuche fehlschlagen, ziehen sie sich zurück und meiden die streitenden Personen sogar manchmal.

Ein Streit bedeutet für sie eine oft unnötige Instabilität und eine Entladung von Aggressionen, mit der sie oft nicht zurechtkommen. Sie wollen es oft auch gar nicht und empfinden es als Zumutung, wenn sie sich mit solchen Situationen auseinandersetzen müssen oder sollen.

Eure Systeme lassen oft nicht zu, dass ein Perlmutt-Kind in Ruhe sein Dasein fristet, bis seine Zeit gekommen ist. Deswegen wird es manchmal notwendig, gewisse Strahlenenergien kurzfristig zu aktivieren. Doch dies bringt Ungleichgewicht ins System des Kindes und ist nicht so einfach.

Die perlmuttweiße Energie wird über Laurita und Gabriela generiert und durch Uriel versiegelt. Sie wirkt wie eine Schutzhülle, die über die inaktiven Regenbogenenergien gestülpt wird. Diese Kinder haben tatsächlich eine leuchtende, leicht irisierende Aura, wenn sie in einem entspannten, ausgeglichenen Zustand sind.

Die Schwingungen von Schwarz sind für diese Kinder nicht mehr wichtig, sie tragen die „aufbereitete" Form der Minus-Polarität in sich. Wenn die Minus-Polarität auf der Erde weiter transformiert wird, wird die Erde und die Menschheit immer kompatibler mit diesen Kindern, und sie können es langsam wagen, hervorzutreten, sich zu zeigen und die Menschen dort abzuholen, wo sie dann stehen werden – um sie dorthin zu bringen, wo Polarität in Harmonie und in transformierter Form gelebt werden kann. Sie leben euch das vor. Viele von ihnen werden dann bereits erwachsen sein, also 20 Jahre oder älter.

Die Herausforderung wird auch für euch, die ihr dann schon „alte Hasen" sein werdet, sein, von ihnen Lehren anzunehmen. Es wird dann einiges anders funktionieren als ihr es bisher gewohnt wart.

Beim Öffnen und Aktivieren des Geburtsmagnetchakras wird momentan nur Perlmutt wahrnehmbar sein. Uriel und wir (Jesus und ich) werden dieses Perlmutt-Siegel erst öffnen und das Geburtsmagnetchakra völlig freigeben zum Öffnen und Aktivieren, wenn es für das jeweilige Strahlenkind stimmig und in Ordnung ist.

Wir haben von den vorausgeschickten Generationen der Regenbogenkinder gelernt, die ohne diesen Schutz (nur mit deaktiviertem Geburtsmagnetchakra) sehr viele Verletzungen abbekommen haben. Es war uns nicht möglich, all das zu verhindern.

Jetzt kommt die nächste Generation mit diesem speziellen Schutzmechanismus auf die Erde, damit dann später alle Farbstrahlen lebbar und „unversehrt" sind.

Durch persönliche emotionale wie physische Verletzungen ist es vielen Regenbogen-Strahlenkindern nicht möglich, alle ihre Geburtsstrahlen voll auszuleben, weil Blockaden und Narben, sowie Ängste und Glaubensmuster das Ausleben bestimmter Energien verhindern oder schwierig machen. Viel Heilarbeit brauchen viele von euch, um euer volles Potenzial frei von jeglicher Beschränkung aus der Vergangenheit leben zu können.

Wir schlafen nicht, wir bieten euren Seelen immer wieder Heilsitzungen an während ihr schlaft. Sie nehmen sie auch gerne und bereitwillig an, um euch zu eurem höchsten Wohle in eurer Entwicklung und Heilung zu unterstützen. Bei einigen wurde zum Beispiel durch rohe Gewalt viel „kaputt" gemacht. Manche von euch müssen erst wieder lernen zu vertrauen und zu lieben, Potenziale, die euch ja bereits mitgegeben wurden. Verschüttet wurden sie vor lauter Angst.

Deswegen mein, unser Aufruf an alle Eltern, egal, ob von Strahlenkindern oder nicht: Hört auf, eure Kinder zu schlagen oder als kleine Dummchen zu behandeln! Das haben sie nicht verdient. Und wer ein Problem hat, soll bitte als erstes bei sich selbst und in der eigenen Vergangenheit suchen, wo dessen Ursprung ist. Eure Kinder machen euch aufmerksam auf alles Ungeheilte in euch. Sie zeigen mit ihrem Verhalten auf eure wunden Punkte. Erkennt die Hinweise und sprecht sie frei von dieser Aufgabe, indem ihr ihnen erklärt (und das funktioniert in jedem Alter), dass ihr jetzt verstanden habt, worauf sie euch aufmerksam machen wollen, und dass ihr die Sache jetzt angeht. Sagt ihnen, dass es nicht mehr notwendig ist, auf die bestimmte Art und Weise zu reagieren. Das Verhalten eines Kindes kann sich von einer Minute auf die andere völlig verändern, es kann sich entspannen und darf wieder Kind sein statt Entwicklungshelfer.

Und kümmert euch wirklich um eure wunden Punkte. Wenn

ihr es nicht tut, kann es sein, dass es sich in der Zeit der großen Instabilität von selbst erledigt. Doch genauso kann es sein, dass es euch deswegen in jener Phase total aus der Bahn wirft. Alles, was ihr vorher erledigen und auflösen und loslassen und heilen könnt (zu eurem höchsten Wohl und zum höchsten Wohle aller) ist hilfreich, damit ihr dann die Ruhe bewahren könnt.

Außerdem kann es auch sein, wenn ihr es nicht schafft, ein Thema in euch zu heilen, dass eines eurer Kinder (oder alle gemeinsam) euch dieses Thema aus Liebe und Bereitschaft zur Unterstützung abnimmt. Dann erlebt das Kind ähnlich schmerzliche Dinge wie ihr, damit es die Gelegenheit erhält, aus der Phase der Verletzung und des Schmerzes in die Heilung zu gehen.

Wer dies seinen Kindern ersparen möchte, möge bitte die eigene Vergangenheit selber „aufräumen". Ende der Ansprache. ☺ Aber es war wichtig, dies nochmal in aller Deutlichkeit durchzugeben.

Zurück zu den Perlmutt-Kindern. Wer das Geburtsmagnetchakra eines solchen Kindes aktiviert, kommt in direkte Verbindung mit dem göttlichen Licht (denn daraus besteht die Perlmutt-Energie – nur wurde von Laurita und Gabriela dessen einhüllende Schutzfunktion besonders hervorgehoben und gestärkt) und aktiviert es und seinen Schutz. Meist hat Uriel keine Botschaft an das Kind, da die Zeit dafür noch zu früh ist. In 10, 20 Jahren wird es wohl anders aussehen...

Hast du noch Fragen?"

„Möchte Uriel noch etwas über sich erzählen?"

„Jetzt noch nicht. Später wird ein detailreiches Channeling durchgegeben werden. Es ist jetzt noch nicht wichtig für euch, dazu mehr zu erfahren."

„Ich bedanke mich bei dir, Ivanor, und auch bei Jesus und Uriel für euren Dienst. Danke auch euch, Gabriela und Laurita, und danke auf jeden Fall für die Antworten."

„Wir segnen dich."

3. Die Hüter und Hüterinnen der Farbstrahlen

Aletia

„Magnetische Liebesschwingungen umschmeicheln dein Sein.

Ich bin Aletia. Ich bin eine Seele aus einem anderen magnetischen Universum. Ich wurde gebeten, für dieses Universum, auch für euren Planeten Erde, diesen Dienst als Hüterin des indigofarbenen Strahls, gemeinsam mit Kryon, wahrzunehmen und auszuführen. Mit Freuden nahm ich den Dienst an. Es ist mir eine Ehre, zusammen mit meiner Partnerseele Kryon hier dem höchsten Wohle aller zu dienen.

Ich muss lachen bei den Vorschlägen deines Geistes, anstatt „Dienst“ das Wort „Arbeit“ zu verwenden, damit es nicht so viele Wortwiederholungen gibt. Doch es ist keine Arbeit für mich, denn es erfordert lediglich meine bewusste Aufmerksamkeit und Präsenz bis ihr euch weit genug entwickelt habt, sodass ihr mich oder uns nicht mehr braucht.

Ich mache ja nicht die Arbeit für euch – das müsst ihr schon selbst tun. Ich stehe lediglich mit meiner liebevollen magnetischen Schwingung zur Verfügung und ihr profitiert von den Schwingungen und den Informationen, welche ich weiterleite.

Im Endeffekt kommt alles Wissen, alle Erfahrungen und Weisheit ja nicht von uns Hütern, nicht von Göttern oder Seelen, sondern alles ist bereits eingespeist in die Urquelle Allen Seins. Mein „Kollege“ (grins) Carl Jung, seines Zeichens Hüter des orangefarbenen Strahls, würde wohl von dem kollektiven Unbewussten sprechen, wo weit mehr als nur die Erfahrungen aller Menschen, die je gelebt haben, „drin“ abgespeichert sind. An dieser Stelle soll ich übrigens erklärend ausrichten, dass alle Erfahrungen, die je gemacht wurden, inklusive jene, die in der vergangenen Sekunde gemacht wurden, gleichwertig sind. Es ist egal, ob sie von einem Stachelschwein, einem Laubbaum oder einem Yogi gemacht wurden. Um in Termini zu bleiben, mit denen ihr etwas anfangen könnt; es ist gleich viel wert, ob ein Stachelschwein einen Furz lässt oder ob ein Yogi die Erleuchtung erreicht hat. Doch selbstverständlich „nur“ aus der unbegrenzten, nicht beurteilenden „Perspektive“ der Urquelle allen Seins. Dem Yogi wird wohl die Erleuchtung wichtiger sein und dem Stachelschwein seine Erleichterung im Wohlbefinden. Soviel dazu.

Ich fahre nun fort, etwas über mich zu erzählen.

Ich hatte viele Inkarnationen in einem anderen Universum, das ein wenig anders und verglichen mit eurer Situation auf der Erde, weiter entwickelt ist. Ihr steht vor dem Sprung auf die nächste Stufe, und ein Großteil der Planeten, wo Leben in einer euch verständlichen und mit euch vergleichbaren Form ist, sind euch auch schon voraus.

Also, wenn ihr kurz davor seid zu verzagen und aufzugeben, erinnert euch daran, dass es sich lohnt, an der Evolution mitzuarbeiten. Ich meine dadurch jedoch keineswegs die Experimente mancher Wissenschaftler mit dem Erbgut von Lebewesen! Es geht auch anders, leichter, liebevoller und klarer. Die Zivilisationen eures Universums, die den Sprung bereits geschafft haben und sich dessen bewusst sind, dass es euch gibt oder geben könnte, schicken Schwingungen aus, die euch ermutigen sollen weiterzumachen, weiter an euch, an eurer Umwelt und euren Systemen zu arbeiten, auf dass sie (wieder) zum höchsten Wohle aller Lebewesen auf eurem Planeten funktionieren.

Und das Universum, aus welchem Kryon und ich stammen, schickt ebenfalls Schwingungen aus, die allen anderen Universen, welche noch nicht so weit entwickelt sind und für die es stimmig ist, helfen, planmäßig weiter zu „wachsen“. Damit ist nicht die räumliche Ausdehnung sondern die Reife oder Entwicklung gemeint.

Die Schwingungen, welche von dem Universum, von dem wir abstammen, ausgesendet werden, sind die der magnetischen Liebe. In gewissem Sinne sind Kryon und ich Botschafter dieser magnetischen Liebe für euch."

„Wie wirkt die magnetische Liebe auf uns?"

„Die magnetische Liebe ist eine Schwingung und kann von allen Lebewesen, von jedem Bewusstsein, an- und wahrgenommen werden. Es funktioniert wie ein Informations-Input. Wenn etwas oder jemand kompatibel wird und die Zellen in einen gewissen Bereich der Schwingung hineinfallen (besser gesagt steigen), so ist es den magnetischen Liebesschwingungen möglich, in Resonanz damit zu gehen und als eine Art „Booster" zu wirken, sodass von diesem Bewusstsein oder Menschen die nächste Entwicklungsstufe erreicht werden kann. Jedoch wirkt die magnetische Liebesschwingung permanent latent als Grundschwingung auf die Erde, da auch der Planet den Sprung mitmacht und diese Schwingungen dankend in Anspruch nimmt. Ihr habt ja eure „alte Lady" (Mutter Erde; wir aus der geistigen Welt haben Humor, doch wir sind trotzdem noch respektvoll dabei. Daraus könnt ihr lernen ...) teilweise ziemlich geknechtet. Ihr tut diese Energie sichtlich gut.

Magnetisch wirkt diese Liebesschwingung, indem ein kleiner Input davon bereits ausreicht, damit sich eure „inneren Strukturen" verändern und sich wieder an Liebe orientieren.

Ihr habt viele Herausforderungen auf der Welt, ihr nennt sie Probleme. Um in euren Worten zu bleiben: Eines der Hauptprobleme ist, dass ihr vergessen habt, was und wie Liebe ist. Ich weiß, es gibt tausende Sprüche und Weisheiten und Millionen von Ansichten darüber und viele glauben, es besser zu wissen als die anderen. Doch es gibt sogar unter den Unwissenden Liebe und nicht alle, die sich wissend nennen, kennen sie wirklich.

Jedenfalls bringen Kryon und ich diese Form der magnetischen Liebesenergie zu euch, um die verschüttete oder versteckte Liebe, die es bereits unter euch gibt, wieder in den Mittelpunkt eures Seins zu rücken und zu nähren und euch dadurch anzuregen sie zu mehren, ihr Beachtung zu schenken, sie zu feiern, sie zu respektieren, ihr andächtig zu folgen und sie zu nutzen, sie zu „teilen“, sie im Übermaß zu verschenken, denn es gibt kein Maß für Liebe.

Um es euch verständlich zu erklären: Wenn ihr ein Radio einschaltet, könnt ihr auf einer gewissen Frequenz einen bestimmten Sender empfangen. Das, was ihr dort hört, wirkt auf euch, sowohl im Tages- als auch im Unterbewusstsein. So ähnlich ist es mit unseren Schwingungen und Informationen. Stellt euer „inneres Radio“ auf der Schwingung der Liebe ein und empfangt unsere volle Unterstützung.

Da aber, wie bereits vorhin erwähnt, viele Menschen nicht mehr wissen, was Liebe ist, statten wir Seelen aus, die euch unterstützen, damit ihr euch wieder daran erinnert. Leider ist es meistens dafür notwendig, euch bewusst zu machen, dass das meiste, was ihr bisher als Liebe bezeichnet habt, nicht Liebe ist. Und weil ihr im Innersten eures Herzens immer gespürt habt, dass ihr euch auf das vermeintliche Wissen über Liebe, das ihr angesammelt habt, nicht verlassen könnt, wart ihr schon immer etwas unsicher darüber. Ihr Menschen neigt dazu, euch an irgendetwas zu klammern, sei es gültig oder nicht, nur um eure Unsicherheiten und Zweifel nicht einzugestehen. Dies macht euch das Lernen und die Weiterentwicklung und das Annehmen von wahrer Liebe, von universeller, bedingungsloser Liebe, schwer. Vielleicht helfen euch diese Sätze, um in eurem Tempo für euch im stillen Kämmerlein doch zu hinterfragen, was ihr über Liebe zu wissen glaubt.

Was ihr schon verstehen könnt: Grundsätzlich gilt, Liebe ist Freiheit und Respekt. Meditiert darüber, denkt nach, hinterfragt es, nehmt es an oder stoßt es noch einmal weg von euch, aber beschäftigt euch damit. Je weiter die Zeit und damit die Entwicklung (oder umgekehrt die Entwicklung und damit die Zeit für euch) fortschreitet, umso wichtiger wird das Thema Liebe werden. Aber nicht als Thema, um darüber zu diskutieren sondern als Art zu leben.

Deswegen helfen wir, Kryon und ich, euch beim Einstimmen darauf. Wir sind aber nicht allein, zahllose Seelen haben zugestimmt, bei diesem wichtigen Projekt mitzudienen, auch während sie ihre Erfahrungen durch Inkarnation auf der Erde sammeln. Sie sind die Strahlenkinder, die Dienstseelen, die als „verankerte Sendemasten“ dienen. Doch sie dienen nicht wie wir, sondern „nur durch ihr Sein alleine“, sie arbeiten auch bewusst oder unbewusst aktiv daran, die Liebesschwingungen auf Erden zu stärken, zu mehren, zu intensivieren, zu befreien, zu aktivieren und zu erden.

Sie sind unsere „Schützlinge“, wir ihre Lehrer, ihr Rückhalt, zuweilen Quelle ihrer Inspiration oder diejenigen, die sie antreiben, doch noch einmal weiterzumachen. Wir sind jedem und jeder von ihnen dankbar für ihre Mitarbeit, für ihren Dienst, für ihr Sein.

Wir segnen sie und euch alle und bedanken uns für dieses Channeling als Möglichkeit, unsere Informationen bewusst zu streuen.

In Liebe,
Aletia und Kryon“

Carl Jung

„Gesegnet seid ihr Menschen.

Möglicherweise kennt der eine oder andere diesen Namen in Verbindung mit dem kollektiven Unbewussten, Archetypen oder Psychologie.

Ich konnte als Carl Gustav Jung Erfahrungen sammeln, doch dies war nur eine von vielen Inkarnationen, die mich befähigten, meinen Dienst als Hüter des orangefarbenen Strahls anzunehmen und zu leisten.

Vielleicht sollte ich euch etwas über das kollektive Unbewusste schreiben. Dies wäre etwas, das ihr mit diesem Namen in Verbindung bringen würdet, nicht wahr?

Das kollektive Unbewusste ist eine „Mischung" aus der sogenannten Akasha-Chronik – was die Summe aller je von Menschen gemachten Erfahrungen ist – und des morphogenetischen Feldes – was ein Kraftfeld ist, das sich in jedem Augenblick flexibel verändert, und das von vielerlei Informationen gespeist wird. Der Name „das Kollektive Unbewusste" ist etwas ungeschickt gewählt, doch die deutsche Sprache lässt nichts Treffenderes zu, das in wenige Worte passt.

Viele Informationen, die in dem kollektiven Unbewussten gespeichert sind, sind nicht aktiv bewusst sondern liegen passiv jedoch abrufbereit, brach sozusagen. Und wenn jemand sich bewusst einstimmt oder es durch eine Schicksalsfügung so sein soll, kann also diese Person durch Resonanz Informationen daraus abrufen. Die Kunst besteht, wie immer beim Channeln, darin, die richtigen Informationen abzurufen und sie unverfälscht ins Bewusstsein zu bringen. Dann werden Dinge veränderbar. Solange sie unbewusst sind, wirken sie auch, aber wenn jemand bewusst daran arbeitet etwas zu verändern, kommt die frische Energie des freien Willens dazu, und es kann eine Dynamik entstehen, die das Gefüge weiter dreht.

Warum ich euch das sage?

Nun, eure Vergangenheit als Menschen steht fest, genauso wie die Vergangenheit eurer Familien und des Stückes Erde, auf dem ihr lebt. Die Informationen darüber sind abgespeichert. Eure Gegenwart erschafft entweder Neues oder ist im Wesentlichen eine Variation des bereits Gelebten. Vielleicht nicht eine Variation dessen, was ihr selbst erlebt habt. Eure Vorfahren sowie die Geschichte des Grundstücks oder Hauses, wo ihr lebt, wirken immer auf euch ein. Dies ist manchmal zu eurem Vorteil, aber manchmal will etwas oder jemand einfach erlöst werden. Oft ist es dann für euch unangenehm, weil es euch gruselt oder ihr an eurem Verstand zweifelt.

Also entscheidet ihr euch entweder, bewusst euer Leben zu leben und Neues zu erschaffen, oder ihr seid nicht frei vom Einfluss der Geschichte, die im kollektiven Unbewussten abgespeichert ist.

Um euch vom Leistungsdruck zu erlösen (für die „Fleißigen" unter euch): Niemand kann (jetzt zumindest) völlig frei von Geschichte leben, genauso wenig wie es jemanden geben kann, der bei Verstand ist und nie an die Zukunft denkt. Viele Menschen haben in ihren Inkarnationen auf der Erde eine besondere Schule gefunden. Allzu leicht erschafft „man" sich Verstrickungen und die wollen gelöst werden, also sind die meisten von euch weder zum ersten, noch zum letzten Mal da auf der Erde.

Ich kann verstehen, dass diese Erkenntnisse und die Verantwortung, die damit einhergeht, Leistungsdruck und Stress auslösen können, sogar soweit gehend, dass sich jemand dafür entscheidet es zu verdrängen und lieber nichts zu tun als anzufangen, der Mitschöpfer des eigenen Lebens zu werden.

Was glaubt ihr, wie es Carl Gustav Jung erging, als er einen Einblick in diese Thematik erhaschte? Er war auch nicht immer begeistert, dass er sich „bei der eigenen Nase nehmen musste". Doch dazu seid ihr Menschen: Um auszuprobieren, wie weit ihr euch in welche Richtung entwickeln könnt. Und niemand steht mit dem Zeigestab und der Uhr neben euch um euch zu drängen – zumindest ist das die Regel, Sportler sind ausgenommen...

Doch solltet ihr mit dem Gedanken spielen, dieses Buch zuzuschlagen und zu „vergessen", welche Chancen euch durch dieses Wissen geboten wurden, so glaubt mir bitte, es wird nicht funktionieren. Und ihr werdet zwangsläufig hinterfragen, ob ihr aus freiem Willen oder durch Beeinflussung die Entscheidungen trefft, die ihr trefft.

Habt Mut, am Anfang ist es viel Denkerei und das bedeutet oft auch Veränderung, aber es wird irgendwann zum Automatismus, dass ihr bewusst lebt, sprecht, denkt, handelt und entscheidet. Und das ist es, was einen Schöpfer ausmacht. Er ist nicht gedankenlos. Er denkt sich was dabei, wenn er etwas tut.

Niemand erwartet von euch Perfektion beim Mensch-Sein, denn ihr alle seid perfekte Menschen! Genau so, wie ihr seid! Und wenn ihr euch verändert, seid ihr immer noch perfekte Menschen, die jetzt anders leben. Ihr könnt aus unserer Sicht nichts falsch machen, versteht ihr? Doch ihr könnt im Einklang mit diesem Universum und den darin stattfindenden Evolutionsprozessen sein (dann fühlt ihr euch leicht, beschwingt und glücklich – zumindest meistens), oder ihr könnt nicht im Einklang mit dem Universum sein. Doch da der Einklang der Ursprung, das Ziel und die Realität ist (jenseits aller Illusionen), wird das Leben euch auf eurem Kurs zu korrigieren versuchen, solltet ihr nicht im Einklang sein.

Versteht ihr?

Wir wissen, dass selbst diejenigen unter euch, die sich um den Einklang bemühen, es momentan nicht immer leicht haben. Das kommt daher, dass kein Mensch sich der Schwingung des morphogenetischen Feldes völlig entziehen kann. Ihr Menschen seid dafür nicht gedacht, dass ihr völlig ohne einander sein könntet oder völlig unabhängig und unbeeinflussbar. Wer die Natur beobachtet, dem muss dies schon klar werden, wenn er sieht, wie ein Mensch zur Welt kommt: Er entsteht nicht aus dem Nichts und braucht dann niemanden, sondern ein Baby ist angewiesen auf das Zusammenspiel zweier Menschen bei der Zeugung des Körpers, dann auf den Körper der Mutter, um heranzuwachsen und geboren zu werden, und selbst dann ist es noch auf Menschen angewiesen, die es nähren und pflegen und ihm die Welt erklären.

An all die Einsiedler unter euch: Ihr seid nicht geschaffen für ein Leben in der Einsamkeit! Was euch bremst, sind eure Vergangenheit und eure Ängste – abgespeichert im kollektiven Unbewussten – und daran könnt und solltet(!) ihr arbeiten, denn sonst werdet ihr noch unglücklicher. Ihr mögt vielleicht glauben, es gibt auf der Erde keinen Platz für euch, doch das ist falsch, denn IHR SEID SCHON DA. Nun fangt endlich an zu leben!

Aber jetzt zurück zum morphogenetischen Feld: Es wird unter anderem von allen Emotionen der Menschen, die jetzt erlebt werden, beeinflusst, von all den glücklichen oder depressiven Phasen, von allen „Wachstumsschmerzen", die die Evolution mit sich bringt. Immerhin müssen viele Menschen erkennen, dass sie mit den Plänen und Spielregeln, die sie kennen, nicht weit kommen, und das löst Verunsicherung und Angst aus – eben „Wachstumsschmerzen".

Feinfühlige Menschen, die sich bemühen, im Einklang zu sein, stolpern manchmal über ihr Menschsein, wenn es im morphogenetischen Feld recht turbulent zugeht.

Dies zur Erklärung, weil wir viele Beschwerden und Zweifel wahrgenommen haben, ob ihr etwas „falsch gemacht" habt.

Es ist alles in Ordnung, auch auf der Erde kommt immer

mehr in die Ordnung.

Es ist gut so. Eure Bemühungen waren nicht umsonst.

Ihr seid gesegnet.

Ich verabschiede mich,

Carl Jung."

Ezekiel

„Ich grüße euch.

Ich bin der Hüter des gelben Farbstrahls. Ezekiel war eine Inkarnation von mir. Leichtigkeit, Erleichterung, Freude und Lachen bringen „meine Kinder" zu euch. Dies wird auch dringend gebraucht, warum, muss ich ja wohl nicht erklären – dafür müssen sich die meisten von euch lediglich umsehen und umhören.

Solange das meiste, was kommuniziert wird, das gegenseitige Klagen von Leid ist, wird die Energie der Freude so dringend gebraucht wie die Luft zum Atmen und die VertreterInnen des gelben Farbstrahls auf Erden, die gelben Strahlenkinder, auch. Deswegen erdreistet euch bitte nicht, über sie zu urteilen und seid gewiss, es ist absolut genug Aufgabe, euch Spaß und Freude und Erleichterung zu bringen. Seht doch, wie viele Menschen verbissen und gestresst ihrem Tod entgegen arbeiten. Sie haben keine Freude in ihrem Leben oder viel zu wenig.

Deswegen rate ich euch: Genießt jede freudvolle Unterhaltung und lacht so viel ihr könnt. Es dient eurer Weiterentwicklung und eurem höchsten Wohl. Die Schwingungen von Schwere und Schwerfälligkeit lähmten euch lange genug.

In einer Welt mit mehr bewusst gelebter und geteilter Liebe ist es das Allerwunderbarste, leichtsinnig durchs Leben zu gehen und das zu genießen, was einem geschenkt wird und was man sich erarbeiten darf. Das ist die Zukunft. Das bedeutet nicht, dass dann nichts mehr gelernt wird oder dass es keine Prüfungen mehr geben wird, doch wenn ihr es schafft, den unnötigen Ballast abzuarbeiten, wird es unvorstellbar leichter und angenehmer für euch.

Eines der Programme, die schwerfällig machen, ist die Angst vor Veränderung. Und weil es noch relativ weit verbreitet ist unter euch Menschen (und auch manchen Tieren), braucht ihr jede Hilfe, die ihr erhalten könnt, um es abzulegen.

P.S. Das geht am einfachsten, indem ihr es einfach immer wieder tut: Verändert euch und beobachtet, was passiert. Vielleicht versucht ihr es zuerst mit einer neuen Frisur oder Brille oder neuen Schuhen? Ihr werdet sicherlich dabei landen, euch innerlich verändern zu wollen, um nicht mehr so beengt in scheinbar vorgegebenen Schienen fremdbestimmt weiterzuleben sondern um frei und wahrlich ihr selbst zu sein.

Während es Strahlenkinder gibt, welche die Hauptaufgabe haben mehr Liebe auf die Erde und zu euch Menschen zu bringen, gibt es auch jene, welche eure Programmierungen hinterfragen und euch zum Undenken anregen und eben auch diese, die euch helfen, die neue Leichtigkeit und Freude und wiedergewonnene Freiheit gebührend zu feiern. Alle sind sie wichtig. Alle haben sie ihre Daseinsberechtigung.

Die Schwierigkeit liegt momentan darin, dass doch einige der gelben Strahlenkinder ihr Potenzial der Leichtigkeit noch nicht voll leben können, da sie in einer argwöhnischen vertrauenslosen Gesellschaft aufwachsen. Die Ironie ist, dass sie gerade dort am allerdringendsten gebraucht werden. Durch eine Erziehung, die nur auf Ängsten und Schutzmechanismen basiert, kann so viel Ursprungsenergie verschüttet werden, dass es oft Jahre des Heranreifens braucht, bis die Ängste der Elterngenerationen überwunden werden und diese Menschen zu sich und ihren

Energien stehen können. Es wird nie ganz verschwinden, und die gelben Strahlenkinder werden so lange danach suchen, bis es ihnen wieder bewusst ist, bis sie sich wieder erinnern.

Ich appelliere deswegen an alle Eltern auf der Erde: Bitte sorgt dafür, dass eure Kinder in eine Umgebung geboren werden, die von Vertrauen anstatt Angst überflutet ist, und von Liebe, Respekt und Verständnis. Es ist zum höchsten Wohle aller, wenn ihr solch eine Welt erschafft. Und lasst die Freude und Leichtigkeit in euer Leben hinein, dies dient ebenfalls euch allen! Wenn ihr unangenehme („schlechte") Dinge erlebt, hört auf, die Nachricht darüber weiterzutragen – außer, ihr braucht Hilfe beim Verarbeiten. Und seid gewiss, jemand, der euch lediglich bedauert und euch sein Mitleid „schenkt", tut euch keinen Dienst, vielleicht aber einen Gefallen, falls ihr euch weiterhin als Opfer fühlen wollt.

Falls euch etwas Schönes, Angenehmes widerfährt, so tragt die Kunde darüber hinaus in die Welt. So wird sie zu einem besseren Platz für eure Entwicklung. Überlegt doch selbst: Wenn ihr etwas Schlimmes in den Nachrichten hört, kann es sein, dass ihr euch traurig oder wütend und machtlos fühlt. Freut ihr euch jedoch über etwas, so werdet ihr euch leicht und beschwingt fühlen. Und falls ihr das Gefühl habt, ihr zerspringt gleich vor Freude und Glück, so teilt eure Freude und euer Glück mit Mutter Erde und euren Engeln und euren Mitmenschen. Es wird deswegen nicht weniger erfreulich für euch sein, aber die gesamte „Menge" an Freude ist mehr als ihr zu jenem Zeitpunkt fassen könntet, also wäre es fast Verschwendung sie nicht zu teilen, sie nicht mitzuteilen, sie nicht für all jene zur Verfügung zu stellen, welche sie brauchen, oder?

Jene Menschen, welche im Luxus leben und zu deren Leben Verschwendung „dazugehört", sind in ihren Seelen unglücklich, weil sie unfähig sind, die empfangene Fülle zu teilen. Sie wissen tief in sich, dass es gegen den göttlichen Plan ist, Dinge lieber verkommen zu lassen als sie zu teilen und sie bezahlen diese Verschwendungen mit ihrer Freude und Genussfähigkeit. Der verkehrte Weg ist dann, noch mehr zu verschwenden, um doch noch Genuss oder Freude zu verspüren. Leichtsinn ist nur in Kombination mit Liebe und Respekt etwas Wunderbares, nur dann vermehrt sich die Freude und die Liebe. Wird Leichtsinnigkeit mit Achtlosigkeit kombiniert, so vermehren sich Leid, Trauer und Zorn, und es gibt einen Preis zu zahlen für die Person, welche sie so auslebt. Dies ist Teil der universellen Gesetze. Freude und Leichtigkeit weisen euch den Weg, der für euch passt, der stimmig ist."

„Ezekiel, manchen Menschen scheint es Freude zu bereiten und leicht zu fallen, Schaden anzurichten. Ich bitte um eine Erklärung dazu."

„Diese Menschen kompensieren das Leid, das sie erfahren haben, dadurch, dass sie es ausweiten, es mit anderen teilen, indem sie Leid verbreiten.

Klingt unlogisch?

Ist es auch! Was denken sie eigentlich, was sie damit erreichen? Sie machen es jemand anderem und sich selbst schwerer. Man kann Leid und Liebe nicht verkleinern, indem man es teilt, man kann beides dadurch nur vergrößern, vermehren, intensivieren. Und wenn jemand etwas Trauriges gehört hat im Radio oder von einer Freundin, was ist nun die logische Reaktion, um es sich leichter zu machen?

Um Liebe und Licht bitten für die Seelen, die es betrifft. Und nicht weiter darüber sprechen, da die Aufmerksamkeit und der materielle Ausdruck des Sprechens alles intensivieren. Zusätzlich teilt man dann Leid: Man vermehrt es, indem auch andere Menschen ihre Aufmerksamkeit auf Leid richten.

Wenn es etwas gibt, das ihr konkret tun könnt, um Leid zu lindern oder aufzuheben, so tut es, und ihr werdet Freude und Erleichterung erfahren.

Warum Menschen so handeln und Leid vermehren, das ist nun mal das Resultat dessen, dass ihr euren freien Willen in alle Richtungen lenken könnt, so ihr ihn bewusst selber lenkt. Handelt jemand jedoch als Marionette und richtet Schaden an, so wird er oder sie trotzdem die Schwingungen der Schwere und des Leids dadurch in sein Leben ziehen.

Außerdem handelt es sich nicht wirklich um Freude, was sie dabei empfinden. Niemand kann wahre Freude empfinden, wenn er Schaden anrichtet. Man kann jedoch leichtsinnig sein, während man es tut. Im wahrsten Sinne des Wortes sind die Sinne eines Menschen dann leicht, also durchlässiger für die geistige Welt und die Wesen, die darin existieren.

Es gibt Wesen und Seelenanteile in den astralen Ebenen, welche glauben, noch „eine offene Rechnung" zu haben mit jemandem. Teilweise gelingt es ihnen, einen leichtsinnigen Menschen dahingehend zu beeinflussen, dass er diese offene Rechnung „begleicht". Dies passiert auch häufig mit süchtigen Menschen, also vor allem mit Menschen, die sehr viel Angst haben und solchen, die nicht Herren ihrer Sinne sind.

Zur Erklärung möchte ich anfügen, dass jeder Mensch, der süchtig nach etwas ist, egal worum es sich handelt, einem Zwang, einem Diktat unterliegt und nicht freiwillig handelt – das sollte euch allen klar sein, vor allem jenen, die glauben, trotzdem frei zu sein – und dass dahinter immer eine Angst steckt und die Suche nach sich selbst.

Wird von einem Menschen, der von einem Energiewesen oder einem anderen Menschen beeinflusst wird, Schaden angerichtet, so ziehen beide die Schwingungen von Leid an.

Niemand entgeht den universellen Gesetzen, egal ob körperlos oder körperlich.

Darum überlegt und entscheidet gut, ob ihr Liebe und Freude in eurem Leben vermehren und intensivieren wollt oder Leid.

Ich möchte noch erklärend anfügen, dass es momentan viel wichtiger ist, dass ihr diese Informationen und Erklärungen erhaltet, als dass ich euch Einzelheiten über meine Inkarnationen aufgezählt hätte. Dies Geschriebene nützt euch bestimmt viel mehr.

Nutzt es.

Ich segne euch,

Ezekiel."

Gabriela

„Ich bin Gabriela, gemeinsam mit Zophyarah Hüterin des rotweißen Farbstrahls. Ich segne dich.

Ich bin der weibliche Aspekt des Erzengels Gabriel, den ihr bereits „kennt".

Es ist nun an der Zeit, dass auch die weiblichen Aspekte der euch bekannten Engel und Erzengel bemerkbar werden, und wieder mehr in den Vordergrund treten. Der Übergang vom Fische- ins Wassermannzeitalter und die damit verbundenen sowie davon abhängigen Veränderungen, welche gerade stattfinden, verschieben auch eure Perspektiven und Wahrnehmungen bezüglich der geistigen Sphären, deren Teil auch ich bin.

Meine Seelengeschichte ist lang, und viel könnte ich erzählen, aber letztendlich ist alles für euch nur Theorie, die ihr anzweifeln könnt. Ohne Zweifel arbeite ich mit Zophyarah zusammen um zu helfen, die Theorien über ein höher schwingendes, liebevolleres Leben in die Praxis umzusetzen.. Es geht darum, Weisheit in die Materie umzusetzen, die „göttlichen Eingebungen" zu befolgen und zu nutzen.

Seid gegrüßt, Strahlenkinder. Fühlt euch aufgefordert, euch eurer Aufgaben zu erinnern und sie mit Hilfe eurer Potenziale umzusetzen. Wir helfen euch dabei, indem wir für euch die Dynamik des Suchens, Findens und Lebens nutzbar machen. Denn es geht bei euren Diensten nicht bloß um schöne Worte oder um das Bewusstsein, es geht auch um konkrete Umsetzung, um Taten.

Die rote Farbe steht für sehr viel Energie, sehr starke Energie, und ohne das Weiß dazu wären die rot-weißen Strahlenkinder unberechenbare Kraftbündel.

Es gibt bereits viele Menschen auf der Erde, die sich über gewisse Dinge bewusst sind. Aber, etwas wissen ist zwar besser als es nicht wissen, doch reicht es nicht aus. Später, wenn der Übergang geschafft und die nächste Entwicklungsstufe erreicht und stabil gesichert ist, wird es wieder ausreichen etwas zu wissen. Doch jetzt gilt es das zu tun, was ihr predigt, es gilt, eine harmonischere, liebevollere und achtsamere Gesellschaft zu werden. Dies gilt nicht nur für Beziehungen zwischen euch Menschen, sondern der Respekt für alles, was ist, muss etabliert werden.

Ihr müsst nicht alles verstehen, um emotional dahingehend zu reifen, es reicht manchmal aus, etwas zu akzeptieren und manchmal müssen Dinge verändert werden, um passend gemacht zu werden.

Ich möchte euch sagen: Nicht nur eure Schwingungen und die des Planeten verändern und erhöhen sich, auch die der gesamten Materie und der Bewusstseinsebenen, die damit und mit dem System Erde verbunden sind.

Gabriel und ich sind nicht wie ein verheiratetes Paar zu verstehen, ich bin Gabriel und Gabriel ist ich. Es ist lediglich die Ausdrucksform, die ich verändert habe. Ich bin der weibliche

Aspekt dessen, was Gabriel repräsentiert. Wir sind also nicht als getrennte Wesen zu betrachten sondern als ein Wesen.

So wie ihr männliche und weibliche Anteile in euch tragt, so ähnlich ist es auch bei mir. In diesem Universum sind duale Polaritäten ein Grundprinzip. Hinter scheinbaren Gegensätzen steht in Wahrheit eine einzige Energie, und es hängt nur von der Ausdrucksform und der Perspektive des Betrachters ab, den Unterschied zu erkennen.

Gott wollte sich in diesem Universum in Gegensätzen erfahren. Doch alles was ist, ist Gott. Es ist eines der interessanteren „Experimente" (bitte versteht dies nicht abwertend), wie letztendlich doch alles danach strebt, sich wieder in Harmonie und Einheit liebevoll verbunden einzufinden. Die Wege dorthin mögen unterschiedlich sein (oder so scheinen), das Ziel jedoch bleibt gleich.

Ihr alle seid auf dem Weg, einzigartig und doch Teil der Einheit.

Letztendlich sind eure Seelen immer in einem Austausch mit allem anderen, denn dass das andere anders ist, ist eine Illusion, jedoch eine Illusion, die unterschiedliche Ausdrücke und Betrachtungsweisen hervorbringt."

„Gabriela, es gibt auf der Erde diese Theorie, dass zwei Seelen einander derart ergänzen können, dass sie eine Einheit bilden, es gibt auch den Begriff „Seelenpartner" oder „der andere Teil" dafür. Bitte kläre auf, ob das der Wahrheit entspricht oder wie das tatsächlich ist."

„Seelenpartner oder „andere Teile", so etwas Ähnliches gibt es, jedoch nicht oder sehr selten in der exklusiven Form, dass es zwei Individuen betrifft.

Ein Seelenpartner ist jemand aus derselben Seelenfamilie. Seelenfamilien sind Verbände von Seelen, welche sich dasselbe

Aufgabengebiet oder Thema gewählt haben oder zu bestimmten Themen Dienste leisten, und um dies zu erfahren, inkarnieren sie. Nun kann es sein, dass eine Seelenfamilie sehr viele oder sehr wenige Seelen umfasst. Es kann sein, dass diese Seelen einander als Menschen begegnen oder auch nicht. Es kann sein, dass sie einander erkennen oder nicht. Das hängt von dem Bewusstseinsstand ab und von der Aufgabe, dem Ziel der Inkarnation. Es kann sein, dass die Familienmitglieder eurer Menschenfamilien zu eurer Seelengruppe gehören, vielleicht aber auch nicht.

Um dies zu erfahren müsstet ihr euch schon sehr tief mit euch und miteinander beschäftigen und euch darauf einlassen. Es gibt viele Möglichkeiten dies herauszufinden, doch wenige vertrauenswürdige Personen, die den Manipulationsversuchen aus der geistigen Welt (die ja nicht nur aus Engeln besteht) widerstehen können.

Immer wieder wird ja „getrickst", damit irgendwelche Wesenheiten ihre Vorteile daraus ziehen."

„Besteht auch die Möglichkeit, Gabriela, dass zwei Menschen einander begegnen, deren Seelen in früheren Inkarnationen verliebt oder verheiratet waren, und die Verbindung wurde nicht „ordnungsgemäß" getrennt, sodass sie sich verbunden und zueinander hingezogen fühlen?"

„Ja, die besteht. Dies kommt momentan sogar ziemlich häufig vor. Das Bewusstsein vieler Menschen ist bereits so weit angehoben, dass sie Informationen von ihren Seelen und der geistigen Welt erhalten können, ihr nennt es Intuition.

Diese Informationen werden durch einen auslösenden Reiz aktiviert und teilweise bewusst. Doch die meisten Menschen sind sich nicht im Klaren darüber, ob es sich um Informationen aus der Vergangenheit ihrer Seelengeschichte oder um persönliche Vorlieben, Abneigungen oder Ängste handelt. So kommen heutzutage allerlei zwischenmenschliche Verbindungen zustande, deren einziger Zweck es ist, sich wieder voneinander trennen zu können. Das heißt, dass die in der früheren Inkarnation nicht „ordnungsgemäß" stattgefundene Trennung (☺) in dieser Inkarnation nachgeholt wird. Doch auch aus diesen Beziehungen könnt ihr durchaus lernen, und es kann sogar sein, dass Kinder entstehen aus diesen „Trennungsbeziehungen". Dies ist gleichgültig: gleich gültig. Ihr seid aufgefordert, euch um diese Kinder mit genauso viel Liebe und Fürsorge zu kümmern wie um jene, die in „intakten Familien" geboren werden. Es kann nicht schaden, wenn ihr alle euch angesprochen fühlt, sowohl als Individuen als auch als Gesellschaft (wobei mir das Wort „kümmern" nicht gefällt, da es von „Kummer" abgeleitet wird)."

„Gabriela, falls jemandem bewusst wird, dass er/sie in eine sogenannte Trennungsbeziehung reintappen könnte, wenn einer Person also bewusst wird, dass die Anziehungskraft zum neuen Schwarm nicht auf der Gegenwart sondern auf der Vergangenheit beruht, ist es dann möglich, zum Beispiel durch ein Ritual, die Verbindung aus der früheren Inkarnation zu trennen, bevor man die Beziehung eingeht und es zu der unweigerlichen Trennung kommt?"

„Ja, dies ist möglich, aber aus unserer Sicht nicht immer ratsam oder angebracht, da oftmals ungelebte Emotionen aus der Zeit der früheren Inkarnation gelebt werden sollten und es außerdem einen Reifeprozess für beide beteiligten Personen beherbergt, den sie brauchen und der zu ihrem höchsten Wohl ist.

Falls eine Trennung angebracht ist, so reicht es aus, vor einem Zeugen laut auszusprechen, dass

- du nicht deine frühere Inkarnation bist;
- du dich bewusst und mit deinem freien Willen nicht zur

Verfügung stellst für das Leid einer Beziehung, die der Trennung bereits geweiht ist, du aber die Vergangenheit deiner Seelengeschichte respektierst;
- du deiner Seele und der geistigen Welt dankst, dass du dies erkennen durftest;
- du bewusst jetzt und für die Zukunft die Verbindung trennst, die aus der früheren Inkarnation erhalten blieb, und du bewusst die Verbindung zu der früheren Inkarnation deiner Seele trennst."

„Gibt es deswegen heutzutage so viele Scheidungen?"

„Ja, auch. Schlimmer ist nur, wenn die Menschen es sich nicht eingestehen, dass sie in einer Trennungsbeziehung leben. Sie wollen nicht alles umsonst investiert haben, und außerdem habt ihr paradoxerweise alle in irgendeiner Form Angst vor dem Alleinsein. Paradox ist es nur, weil wir alle eins sind. Doch es hat Gründe, warum das so wenigen bewusst ist; denn sonst würde keiner von euch die Erfahrungen machen, die ihr macht. Ihr würdet euch einfach zurücklehnen und darauf warten, dass ihr sterbt. Eure Seelen könnten keine anderen Erfahrungen sammeln als die Faulheit, Trägheit und Geduld (um es spitz zu formulieren)."

„Gabriela, ich danke dir, auch im Namen aller, die das Lesen deiner Botschaften dazu inspirieren wird, echte Liebesbeziehungen zu suchen und einzugehen.

Möchtest du sonst noch etwas erzählen/mitteilen?"

„Ja, vieles, doch dies ist nicht der geeignete Rahmen dafür, sonst wird das Buch endlos ... ☺

Wesentlich ist jetzt nur, dass ihr wisst, ihr könnt auf Zophyarah und mich zählen, wenn es darum geht, erlangtes Wissen in die Tat umzusetzen. Wir werden euch unterstützen so viel wir dürfen, wenn ihr uns darum bittet. Wir segnen euch mit Mut und Energie und Weisheit.

Amen.

Gabriela"

Ishmael

„Du hast vielleicht schon von mir gehört. Doch von dem, was an „Information" über mich kursiert, und das ist für alle dasselbe, stimmt ein Bruchteil, der Rest ist Fantasie. Tatsächlich bin ich eine der Seelen, die bereits oft auf der Erde inkarniert waren. Mein Seelenschicksal ist „im Nachhinein betrachtet" dicht mit dem der Erde verwoben.

Ich war in Atlantis und Lemurien inkarniert und in den Zeiten davor und danach. Selbstverständlich nannte ich mich nicht in allen Inkarnationen Ishmael, dies war nur eine davon. Doch für meine Aufgabe als Hüter der silber-blauen Strahlenkinder ist ein Teil meiner erlebten und erworbenen Erfahrungen und also auch ein Teil meiner Seelengeschichte besonders relevant. Diesen Schwingungen wird der Name Ishmael noch am ehesten gerecht, wenn wir bei Namen bleiben, die unter euch auf der Erde üblich sind.

Ishmael steht für Weisheit, Führungsqualität und sanftem, liebevollem Verständnis, auch für Verbundenheit, vor allem mit den Seelen, die mit den silber-blauen Energien gesegnet werden.

Ishmael war eine Inkarnation, die mir nicht mehr oder weniger „gefällt" als jede andere. Wir Seelen bewerten dies nicht, für uns ist alles wertvoll, was in unseren Inkarnationen passiert. Dies ist eine Sache, die viele nicht verstehen können unter euch

Menschen: Wir haben keine Emotionen und bewerten nicht, wir sind bewusst. Je bewusster ihr seid, um so „näher" kommt ihr eurer Seele, und um so glücklicher könnt ihr werden, da ja mittlerweile sehr viele Menschen nicht nur mit der Zielsetzung Erfahrungen zu sammeln inkarnieren, sondern einen Dienst erfüllen sollten. Ich sage „sollten", da es eben gehäuft auf euch Erdenmenschen zutrifft, dass eure Seelen sich mit einer Aufgabe, einem Dienst einverstanden erklären, um an dem großen Wachstums- und Weiterentwicklungsprojekt auf Erden (Evolution) in der einen oder anderen zentralen oder nicht so zentralen Art und Weise mitzuarbeiten. Aber da viele Menschen noch sehr in Emotionalitäten ihrer momentanen wie auch der vergangenen Leben der Seelen verstrickt sind, ist es ihnen meist nicht von Anbeginn klar, dass es gilt, diesen oder jenen Dienst zu erfüllen.

Das bedeutet auch, dass es für jede Dienstseele, sowohl für die der Strahlenkinder als auch für alle anderen, eine Art Grundaufgabe ist, sich von gewissen Schichten der Emotionalität, die das eigene Potenzial und das bewusste Sein behindern und verdecken, zu „befreien". Eigentlich ist es kein Akt des Befreiens an sich, denn es bedarf „lediglich" einer Transformation und einer Neustrukturierung. Doch das, was ihr dann fühlt, wenn diese Grundaufgabe geschafft ist, ist Freiheit. Bei der Neustrukturierung können euch die Strahlenkinder gut helfen, da ihre Seelen vor der Inkarnation mit den neuen Schwingungen auf ihre Aufgaben vorbereitet werden, mit den jeweiligen Farbstrahlen eben. Also tragen sie Teile der neuen Strukturen bereits in sich und oftmals dauert es bei ihnen nicht allzu lange, bis sie ihr Potenzial und ihr bewusstes Sein „freigeschaufelt" haben. Ich sage „oftmals", nicht „immer". Manchmal ist es erforderlich, in nicht bewusstem Zustand gewisse Situationen zu erleben, da es für das Verständnis oder für die notwendige Erdung erforderlich ist. Ich richte jetzt mein Wort an all jene Dienstseelen und Strahlenkinder, die nicht von Anfang an wussten, wer sie sind und wozu sie jetzt da sind:

Hört auf, mit eurem Schicksal zu hadern, meine Lieben. Seid getröstet, all das, was ihr bis jetzt erlebt oder erlitten habt, war nicht umsonst. Vertraut bitte darauf, dass ihr zu gegebenem Zeitpunkt verstehen werdet, warum ihr dieses und jenes lernen oder erfahren musstet. Ihr werdet geliebt und seid wertvoll.

Und wenn die Zeit des Trauerns um die Art und Weise, wie sich eure Vergangenheit gestaltete, vorbei ist, seid gewiss, es hat sich gelohnt. Wenn ihr eure Lektionen gelernt habt, tretet in eurem Inneren demütig vor Gott (wie auch immer ihr dieses Urprinzip der Schöpfung auch bezeichnen möget) und bittet darum, euren Seelenweg jetzt bewusst antreten zu dürfen. Und atmet in euer Herz. Ihr werdet die Veränderung spüren.

Es ist zwar nicht bei euch allen stimmig, dass ihr dann riesige Entwicklungssprünge macht, vor allem die, bei denen es langsam geht, sind jene, die später mit anderen Menschen an deren Weiterentwicklung arbeiten werden. Denn nur, wenn du den Weg kennst, kannst du jemand anderen auf seinem/ihrem Weg unterstützen.

Ihr alle seid gesegnet und geliebt und perfekt in eurer Imperfektion!

Ihr müsst nicht den Weg über körperliche Krankheiten nehmen. Dieser Weg ist jenen vorbehalten, die sich weigern oder aus diversen Gründen unfähig sind, anders zu lernen. Eine Krankheit wird unnötig sobald ihr beginnt, freiwillig zu lernen und euch weiterzuentwickeln. Habt ihr eine gewisse Stufe des Lernens und Verstehens, des Annehmens des Neuen sowie des Loslassens des Alten (also eine gewisse Ebene der Transformation und persönlichen Evolution) erreicht, wird es unnötig für euch, euch mit körperlichen Beschwerden „herumzuplagen“.

Der Geist und das bewusste Sein in Einklang mit eurer Seele bewirkt die Heilung.

Wolltest du sonst noch etwas wissen?"

„Ja, Ishmael, ich habe noch eine Frage:

Ich weiß aus schamanischer Heilarbeit, dass es möglich ist, dass die Seele einer Person nicht vollständig ist, dass sich Seelenanteile abspalten oder sogar gestohlen oder ausgetauscht werden können. Du hast gesagt, ihr Seelen habt keine Emotionen. Doch wie ist das für eine Seele, nicht vollständig zu sein? Ich bitte um Informationen zu diesem Thema."

„Wenn eine Seele nicht vollständig ist, aus welchem Grund auch immer, und es gibt vielerlei mögliche Ursachen dafür, so strebt sie selbstverständlich danach, wieder vollständig zu werden. Alles im Universum strebt nach Vollständigkeit, das könnt ihr sogar bei euren Atomen beobachten. Das bedeutet, dass die Seele Impulse an den Menschen aussendet, in dem sie inkarniert ist, und an das gesamte Universum, damit sich Situationen fügen und ergeben, damit sie wieder vollständig werden kann. Manchmal bemerken die Menschen diese Signale ihrer Seele, manchmal nicht. Wenn sie es bemerken, wird eine innere Unruhe zu einem Drang werden, der die Menschen dorthin führt, wo die Wiedervereinigung möglich wird. Wenn sie es nicht wahrnehmen, werden sie in ihrem Innersten einen Mangel und eine Unzufriedenheit fühlen, die durch keine Art von Konsum (nicht einmal dem von „esoterischer Literatur") gemildert werden kann, denn diese Menschen sind auf einer Bewusstseinsstufe, die vor jener liegt, auf der sie gewillt sind, sich etwas einzugestehen und sich führen zu lassen. Es gibt auch Menschen, die bewusst wahrnehmen, wenn sich ein Seelenanteil abspaltet. Diese haben theoretisch die besten Chancen, eine Wiedervereinigung herbeizuführen oder herbeiführen zu lassen. Die Feinheiten dieser Spielart werden hier bewusst nicht beschrieben, da es einige Wege und Schritte erfordert, sich auf dieser Ebene weiterzuentwickeln und die Menschen, die auf dieser Ebene der Seelenvereinigung angekommen sind, schaffen dies ohne meine Anweisungen, welche ohnehin vage ausfallen würden – da ihr alle einmalig und einzigartig seid und schon bewusst eure Leben mitschöpft. Es wäre nahezu unmöglich etwas darüber zu sagen, was auf euch alle zutrifft, versteht ihr?“

„Ja, ich verstehe, was du meinst. Kommt es vor, dass nur ein Bruchteil einer Seele inkarniert? Und falls ja, warum?“

„Ja, dies ist möglich und kommt gelegentlich vor, wenn es unmöglich ist, anders zum Ziel zu gelangen oder wenn gröbere Verstrickungen im Spiel sind.

Was ich damit meine, ist, dass es manchmal notwendig ist für die Durchführung von jemandes Lebensaufgabe, dass die Person zwar relativ bewusst jedoch noch nicht mit dem vollen Potenzial und umfassendem Seelenwissen inkarniert, damit der Mensch die Gelegenheit erhält, Normalität zu erleben und zu verstehen. Denn sonst wäre es wohl dieser Person mit all ihrer Bewusstheit, Liebe und Klarheit trotzdem nicht möglich, die Menschen, denen sie helfen soll, zu verstehen. Menschen wollen sich einfach von ihren Unterstützern und Unterstützerinnen verstanden fühlen – um nur ein Beispiel zu nennen. Es ist auch möglich, dass eine Seele noch Erfahrungen sammeln will als „normaler“ Mensch und es später erst den Impuls gibt, dass sich die Person ihres Dienstes bewusst wird und ihn antritt. Dies ist häufig passiert bei Frauen, die jetzt zwischen 40 und 60 bis 70 Jahre alt sind. Sie entdecken ihre Spiritualität erst ab einem gewissen Lebensabschnitt.

Für viele geht es mit den Fragen und ungewöhnlichen Ausdrucksformen ihrer Kinder (☺) los oder wenn diese bereits aus dem Haus sind. Leider folgt auf diese Bewusstwerdung oft eine Trennung vom Lebensgefährten, was nicht immer notwendig wäre. Mit ein bisschen mehr Flexibilität und Liebe im Sinne von jemandem seine/ihre Freiheiten lassen und jemandem zugestehen, seinen/ihren Weg zu gehen, wäre das vermeidbar. Dies gilt für beide Seiten, denn sowohl die „Ignoranz" der Partner als auch die „Bekehrungsversuche" der Partnerinnen achten den persönlichen Freiraum des jeweils anderen nicht.

Doch das hattest du nicht gefragt. Es war mir trotzdem wichtig dies erwähnt zu haben.

Kommen wir zu den Verstrickungen. Auch hier gibt es viele Möglichkeiten, die einwirken können. Es hat meist mit nicht aufgearbeiteten Konflikten aus den vergangenen Inkarnationen der Seele zu tun. Manchmal wurde jedoch tatsächlich ein Seelenanteil gestohlen oder getauscht. Das Tauschen findet häufiger statt als das Stehlen und ist das Produkt von falsch verstandener Liebe. Viele Menschen glauben, dass Liebe unendliches Aneinanderklammern bedeutet. Dies ist es aber nicht. Das sind Beziehungen mit „Erstickungsgefahr", wo mindestens eine Partei sich meist selbst verstümmelt, um kompatibel bis ins Letzte zu sein... Dies ist sehr bedenklich, denn ihr seid perfekt wie ihr seid, es gibt keine Notwendigkeit euch zu verstümmeln oder zu verstellen um geliebt zu werden!

Wie schon ein gewisser Kollege sagte: Wer dich nicht so liebt wie du bist, der liebt dich nicht nur halb sondern gar nicht!

Doch zurück zu den Verstrickungen aus der Seelengeschichte. Oftmals kommt es jetzt vor, dass die Menschen in ihren momentanen oder auch zukünftigen Leben die Chance erhalten, ihre Seele zu vervollständigen – dafür gibt es verschiedene Möglichkeiten. Manches geht von alleine, für anderes braucht ihr Unterstützung. Die habt ihr und es kommt noch mehr. Es ist ja kein Zufall, dass es so viele HeilerInnen und Therapeuten und Therapeutinnen gibt.

Genug für heute.

Seid gesegnet, ich liebe euch.

Ishmael“

Jesus

„Ich bitte um ein persönliches, detailreiches Channeling mit Jesus. Ich möchte wissen, warum ich ein Problem mit ihm habe.

Jesus, was hat meine Beziehung zu dir so geprägt, dass ich das Gefühl habe, nichts mit dir anfangen zu können oder zu wollen?“

„Frühere Inkarnationen deiner Seele haben „schlechte Erfahrungen“ mit dem Christentum gemacht und mit dem, was von Jesus übrig blieb auf der Erde.

Es gab einmal diese Inkarnation, Jesus, und einige wenige Passagen in der Bibel sind wahr, jedoch teilweise verschlüsselt oder symbolisch gemeint. Und das, was von dieser Inkarnation heute noch übrig ist, ist nicht mehr so, wie es ursprünglich (gemeint und geplant) war.

(Anm.: Mir wurde beim Channeln plötzlich körperlich schlecht.)

Dir wird übel von all dem, was daraus gemacht wurde, und es ist so grauenvoll, dass du Schwierigkeiten damit hast, das Ursprüngliche, Wahrhaftige, Strahlende, das Eigentliche an mir und meiner damaligen Inkarnation zu erkennen.

Es ist verständlich, dass dir davon schlecht wird.

Mir selber würde auch schlecht werden, wenn ich einen Körper hätte, wenn ich höre und sehe, was im Namen von Jesus Christus alles gesagt und getan wird. Es ist manchmal zum Weinen. Sehr viel von dem, was ich auf eine Art gesagt habe, wurde anders verstanden, und verfälscht weitergegeben. Ich benutze hier wirklich bewusst das Wort falsch, weil ich es wirklich anders gemeint und beabsichtigt hatte und teilweise wurden ja absichtlich Informationen über mich falsch weitergegeben oder verschwiegen. Immer wieder wurden Sachen auf eine Art und Weise interpretiert, die nicht in meinem Sinne sondern zum Vorteil der Interpreten waren.

Das kann ich nicht ändern. Die Geschichte, die angeblich in meinem Namen geschrieben wurde, mit Kreuzzügen, Hexenverbrennungen usw. hätte ich nie unterstützt oder gefördert.

Letztlich gab es auch einige Energiewesen, die sich als Jesus oder Christus ausgegeben und Informationen gestreut und unter euch Leute gebracht haben, die mit mir gar nichts zu tun haben.

Doch um es jetzt mal wieder etwas zu relativieren, es liegt an euch Menschen, was ihr davon annehmt und für euch und euer Leben verwendet. Ich, Allah und einige andere Seelen haben so einiges gemeinsam: Wir alle haben versucht, den Menschen den Weg zu erhellen und ihnen zu helfen. Was daraus aber letztendlich wurde, ist nicht immer in unserem Sinne. Wer glaubt, Allah sei für die Beschneidung von Frauen und Verletzung von Menschen bzw. er fordere sie sogar ein, nun, dem steht zu das zu glauben, aber das ist nicht so.

Das ist etwas, das einmal in aller Deutlichkeit gesagt werden musste. Was ihr Menschen damit aber anfangt ist ebenso eure Sache wie das, was ihr für euch aus uns bisher gemacht habt."

„Ja, Jesus, es stimmt. Es widert mich an, was aus dir gemacht wurde. Ich hatte immer das Gefühl, dass an dieser ganzen Sache etwas faul ist, und ich finde es gut und danke dir dafür, dass du mir das bestätigst, was ich schon lange ahnte. Doch wie kann ich mich jetzt von dieser Übelkeit befreien?"

„Lass dich auf mich ein, auf den, der ich wirklich bin, und der Transformationsprozess wird beginnen. *(Anm.: Ich habe mich darauf eingelassen, die Übelkeit wurde tatsächlich weniger und verschwand ganz. Übrig blieben Verständnis und Liebe. Ich glaube, dass du, liebeR LeserIn, dich auch auf diesen Prozess einlassen und deine persönlichen Erfahrungen machen kannst, wenn du möchtest.)* Auch du kennst das, missverstanden und falsch interpretiert zu werden. Manchmal kann man einfach nichts dagegen tun. Wie du weißt hat jeder Mensch einen freien Willen und kann demnach behaupten, was immer er will."

„Jesus, was hast du mit dem Ashtar-Kommando zu tun und was ist das?"

„Das sogenannte Ashtar-Kommando ist eine Bruderschaft und Schwesternschaft von Seelen und Energiewesen, die nicht direkt auf den Planeten wirken sondern von außerhalb, man könnte sagen aus dem All heraus.

Das Ziel des Ashtar-Kommandos ist, die Weiterentwicklung im gesamten Universum zu stärken und Planeten, die in einer Zeit des Übergangs sind, beim Übergang zu helfen. Wir tun dies, indem wir Energien und Informationen zur Verfügung stellen und manchmal helfen wir im Rahmen der göttlichen Ordnung etwas nach."

„Jesus, bitte erzähle etwas über dich."

„Ich bin Jesus. Außerdem bin ich Jesaja, dieselbe Seele inkarnierte in beide Männer. Ich habe auch noch viele andere Inkarnationen und Namen, ich hieß auch schon Sepp und Mayo und Trxlucan usw., Namen, die für euch sonderbar klingen.

Warum ich den Namen Jesus gewählt habe, um mit euch zu kommunizieren?

Weil es einiges zu sagen gab über die Jesus-Geschichte und weil es euch den Stellenwert der Hüter verdeutlichen soll. Jenseits aller Glaubensfragen sind sich doch viele Menschen darüber einig, dass Jesus eine hoch entwickelte Seele war – so in etwa ist es im kollektiven Unbewussten abgespeichert –, die kam, um den Menschen zu helfen: Einerseits im Umgang miteinander sanfter zu werden, etwas von der alten Brutalität wegzulassen und andererseits, um den Menschen auf ihrem spirituellen Wachstumsweg ein paar Denkanstöße zu geben. Keiner hat damals vermutet, dass Jesus so populär werden würde, dass fast alle Menschen zumindest einmal von ihm hören würden. Eine Verkettung von Umständen und Fügungen und auch einige „Patzer" der Kirchenoberhäupter haben diese Geschichte von Jesus so berühmt gemacht. Und die vielen Menschen, die an Jesus als Wunderheiler glaub(t)en.

Es war notwendig ab einem gewissen Punkt der Menschheitsgeschichte, dass ich mir einen Schutz zulegte, damit nicht alles, was Menschen so glauben oder denken oder tun oder wo sie sich auf mich berufen, auf mich als Seele zurückfällt. Ich bin nicht in anderen Universen inkarniert, doch ich gehöre zum Ashtar-Kollektiv und ich bin Teil der Schwingungen von Ivanor.

Ich bin derjenige, der viele Seelenanteile abholt, wenn sie sich in der geistigen Welt verirren. Wenn sie gestohlen und dann irgendwo im Universum ausgesetzt wurden, hole ich sie ab und übergebe sie wieder den Schutzengeln, damit sie dorthin gebracht werden, wo sie gebraucht werden bzw. hingehören. Gerade Seelenanteile, die zu Menschen gehören, die in der „westlichen" christlichen Welt inkarniert sind, wenden sich häufig an mich, eben weil sie wissen: Jesus gibt es und er hat schon vielen geholfen. Bei anderen „Göttern" oder aufgestiegenen Meistern sind sich viele nicht so ganz sicher. Es kommt fast nie vor, dass sich eine vollständige Seele „verirrt", doch viele Seelen sind nicht ganz vollständig. Außerdem gibt es Seelen, die wollen erfahren, wie es ist verschleppt zu werden in eine Gegend des Universums, wo sie überhaupt noch nie waren. Wenn sie sich nicht alleine zurechtfinden, so rufen manche nach mir.

Doch ich bin nicht der Einzige, der dieser Beschäftigung nachgeht. Es gibt mehrere Hüterenergien, die sich ebenfalls dieser Aufgabe widmen. Es ist erstaunlich, was gerade in dieser Zeit der Transformation auf der Erde energetisch passiert. Es ist recht geschäftig hier. Viele Menschen öffnen sich jetzt ihrer Spiritualität und lassen sich heilen auf verschiedenste Weise. Seelenanteile zurückholen und reintegrieren kommt ziemlich häufig vor zur Zeit. „Gott sei Dank" brauchen wir keine Straßen um uns fortzubewegen, sonst wäre das Universum ziemlich gepflastert ...

Über die Hirtenenergie möchte ich auch noch kurz zu euch sprechen:

Es gab und gibt immer wieder Menschen, die eine zusätzliche Energie mit in ihr Leben nahmen und nehmen: die Hirtenenergie. Dies ist unabhängig von Zeit, Raum oder Glauben eine Urenergie, die geschaffen wurde, um Menschen in Gruppen zu vereinen und zu führen: Von einem Land ins andere, von einem Bewusstseinsstand auf die nächst höhere mögliche Stufe etc. Meine Inkarnation Jesus bekam diese Energie mit, aber auch Buddha oder Mohammed beispielsweise, um nur mal einige berühmte zu nennen. Diese Energie wird auch jetzt gerade auf der Erde verkörpert. Es gibt einige Menschen, die damit geboren werden, und welche, die sich im Laufe ihres Lebens dafür qualifizieren. Das ist unabhängig von Farbstrahlen, die Gemeinsamkeit ist das Dasein als Dienstseele. Die Menschen, die diese Energie mitbekamen, mobilisieren und begeistern leichter Menschengruppen als andere Menschen. Sie haben einfach mehr

Charisma und werden oft von der geistigen Welt bewusst oder unbewusst geführt.

Ihnen obliegt die Aufgabe, die Menschen zu vereinen und ihnen klar zu machen, dass es nicht nötig ist, voreinander Angst zu haben, dass es nicht länger nötig ist sich zu verstecken. Dass es nötig ist, jetzt zu erkennen, wer ihr seid und wozu ihr da seid. Dass ihr alle gleich seid und auch unterschiedlich und einzigartig. Dass Liebe euch vereinen kann und dass das der tatsächliche Plan ist.

Das alles geht natürlich mit viel Verantwortung einher, denn wer sich in dem Moment, wo ihm zugehört wird, hinreißen lässt, Egospielchen auszuleben, der verliert seine Hirtenenergie. Zu viel Machtmissbrauch gab es schon und es reicht wirklich. Jetzt darf etwas anderes kommen.

Ich schreibe diese Zeilen in das Strahlenkinder-Buch hinein, weil einige der Personen, die dies lesen, zu den Hirten gehören. Eure Funktion mag euch – vor allem in der Anfangszeit – vielleicht einsam machen. Deswegen: Öffnet eure Herzen und findet auch andere Hirten, damit ihr Erfahrungen austauschen könnt und wieder Kraft und Mut schöpfen könnt. Dies wünsche ich euch zu eurem höchsten Wohl und zum höchsten Wohle aller.

Ich habe noch einen Rat für euch. Sollte es soweit kommen, dass ihr vor der Entscheidung steht: Entweder ihr oder die Menschen, die euch folgen, dann steht es euch manchmal frei, diese Entscheidung zu verweigern. Das funktioniert nicht immer aber manchmal seid ihr Menschen so verstrickt und beschäftigt mit eurem Alltag und den Ereignissen, dass ihr vergesst, dass ihr auch schon Schöpfer seid. Eine unausweichlich erscheinende Situation kann sich durch eure Entscheidung radikal ändern. Ihr könnt auch nach wie vor die geistige Welt um Unterstützung, um Fügung und um weise Führung zum höchsten Wohle aller bitten.

Einige der Schützlinge von Ivanor aber auch andere Strahlenkinder haben Hirtenenergien mitbekommen. Hirtenenergie ist bei fast allen Regenbogen-Strahlenkindern zumindest ein bisschen dabei, denn sie sind die geborenen Hirten für andere Strahlenkinder.

Ich segne euch mit der Liebe meines körperlosen Herzens.

Jesus“

Kryon

„Ich bin Kryon.

Aus einem anderen Universum komme ich.

Was nützt es euch, wenn ich euch von dem Universum erzähle, aus dem ich stamme, und was nützt es, wenn ich euch von meinen Inkarnationen erzähle ...

Wichtig ist letztendlich, was ich euch als Lehrer anbieten kann. Eines muss ich als Erklärung anfügen, damit ihr nicht meint, ich sei kühl oder hochnäsig euch gegenüber: In unserem, Aletias und meinem Stammuniversum, betrachten wir nicht die Vergangenheit, um die Zukunft zu gestalten, sondern uns ist jederzeit bewusst, welchen Weg wir hinter uns haben, doch wir leben voll und ganz in unserer Gegenwart. Wichtig ist für uns nicht der Blick nach hinten oder nach vorne, wie es bei euch recht weit verbreitet ist, sondern wir leben als Einheit mit unseren Seelen, auch während unserer Inkarnationen, und wir vertrauen unseren Seelen, dass sie uns die jeweils wichtigen oder angemessenen Impulse geben. Wir sind uns klar darüber, dass unsere Inkarnationen „lediglich“ dazu dienen, die Seele um Erfahrungen zu bereichern und sie so, Leben um Leben, immer mehr zu vervollständigen. Deswegen „überbewerten“ wir die Geschichte der Seele nicht. Wir respektieren und schätzen sie, weil wir wissen, sie ist die Basis, doch wir schnüffeln nicht der Neugier wegen in ihr herum.

Das Vertrauen, das wir unseren Seelen und der Zusammenarbeit mit ihnen entgegenbringen, macht sich bezahlt, wie ihr so schön sagt. Wenn ihr lerntet, auch euren Seelen zu vertrauen, sie würden euch gut leiten und weise beraten. Eure Leben wären zwar selbst dann nicht das reinste Honigschlecken, aber viel angenehmer und genussvoller.

Es wird wohl noch ein Weilchen dauern bis die Menschen auf der Erde so weit sein werden. Momentan geht es bei vielen noch darum, dass ihr euch dessen noch nicht bewusst seid, was euch antreibt. Viele von euch Menschen wollen anscheinend noch nicht lernen – vielleicht nicht unbedingt all jene, die diese Zeilen lesen, aber auch darunter sind einige.

Doch jetzt zu dem, was ich euch mitteilen wollte.

Ihr seid kurz davor, einen Signalpunkt in eurer Entwicklung als Menschheit zu erreichen. Eure Entwicklung zu jenem Signalzeitpunkt wird uns allen Aufschluss darüber geben, wie es mit euch weitergehen wird. Es sind einige Korrekturen fällig. Schafft ihr es nicht „von innen heraus", also mit Hilfe eurer Entscheidungen und Taten, diese Korrekturen vorzunehmen, werden seitens der geistigen Welt Korrekturen „von außen" eingeleitet. Es ist für die Welt kein Drama, auch nicht für das Universum oder uns körperlose Seelen. Doch einige der inkarnierten Seelen werden aufgrund ihrer Entscheidungen und Taten leiden, weil sie nicht verstehen werden. Einige werden sterben, weil ihre Seelen einsehen, dass diese momentane Inkarnation nicht dem göttlichen Plan und Gefüge dient bzw. dem im Weg steht, was notwendig ist und letztendlich dem höchsten Wohle und der Entwicklung aller dient."

„Was können wir tun, um die Korrekturen, von denen du sprichst, von innen heraus selbst vorzunehmen?"

„Lernt und handelt immer eurem letzten Wissensstand und eurer inneren Wahrheit entsprechend. Dann wird es nicht nötig sein, von außen viel zu korrigieren. Ihr könnt dies auch euren Freunden und Familien vorschlagen. Sollten sie sich entscheiden, nicht zu lernen und weiterhin „Zeit zu verplempern", so respektiert das."

„Von wem sollen wir lernen?"

„Von euren Seelen und aus den Situationen in eurem Leben. Die Seelen, die sich vorgenommen haben, auf jeden Fall die immer näher rückenden Veränderungen mitzumachen, bereiten ihre Inkarnationen oft schon seit einiger Zeit darauf vor. Denjenigen Menschen, die zu dieser Gruppe gehören, wird es immer schwerer fallen, sich all der Anzeichen und dem Ruf ihrer Seele zu entziehen. Falls sie es doch tun, ist es möglich (bestimmt nicht immer), dass die Seele es für ihre Entwicklung als wichtiger erachtet, Teil der Veränderung zu sein als „planlos Erfahrungen zu sammeln". Das bedeutet, es kann sein, dass diese Menschen sterben werden und die Seele eine neue Inkarnation mit anderen Voraussetzungen und Potenzialen „ins Rennen schickt"."

„Kryon, es gibt bestimmt genug Leute, die sich von diesen Aussagen in die Ecke gedrängt fühlen. Was ist mit dem freien Willen?"

„Nun, die Menschen, die sich aufgrund dieser Tatsachen bedrängt fühlen, sollten überlegen, warum sie sich gegen die Wünsche und Sehnsüchte und den Plan ihrer Seele wehren. Es gibt keinen anderen Grund als Angst. Angst, ein Leben oder eine Partnerschaft oder sonstige soziale Bande aufzugeben, die nicht dem Plan der Seele entsprechen. Angst vor Veränderung.

Angst davor, dazuzulernen und davor, dann nicht mehr in das alte Leben zurückkehren zu können.

Es ist einerseits verständlich, andererseits absurd. Denn mit nichts ist ein Mensch so sehr verbunden wie mit seiner Seele. Die Seele ist der Schöpfer des Menschen. Ihr einen Wunsch abzuschlagen, der von solcher Wichtigkeit ist, bedeutet, sich selbst den Ast, auf dem man sitzt, unter dem Hintern wegzuschneiden. Es ist wie die Hand zu verletzen, die dich nährt. Es ist unlogisch und undankbar, so kann man es betrachten. Ich plädiere dafür, dass ihr dem Ruf eurer Seele folgt. Eure Seele wird bei euch sein, euch auch durch schwierige Lernphasen begleiten. Als Folge dessen wird euch mehr Gesundheit, Zufriedenheit, Erfolg und Glück beschieden sein.

Es ist kein wirklicher Lohn, es ist vielmehr gekoppelt: Je mehr ihr eine Einheit mit eurer Seele bildet und je mehr ihr ihr vertraut und eurer inneren Wahrheit gemäß lebt, umso glücklicher und zufriedener werdet ihr sein und umso seltener werden Korrekturen und harte Lernprozesse durch Krankheit auf materieller Ebene notwendig sein.

Betrachtet es wie ihr wollt. Es ist wie es ist und kein Jammern oder wütendes Aufbegehren werden das ändern. Ich habe euch dies nicht mitgeteilt um euch zu ärgern oder verzweifeln zu sehen sondern um euch zu unterstützen.

Aber ich weiß, dass es immer Menschen gibt, die es verstehen, alle Unterstützung, egal von welcher Ebene sie kommt (außer von der höchsten Ebene), als Bedrohung anzusehen. Das sind die Menschen, die leiden, weil sie nicht verstehen. Doch anstatt zu erfragen und zu lernen schmollen sie. Es steht ihnen frei, das zu tun. Es ist für eine Seele bestimmt interessant, diese Erfahrung zu machen, denke ich."

„Kryon, ich habe eine Frage bezüglich der vielen Bücher, die es über dich gibt und der „Kryon-Schule". Was davon kannst du empfehlen und warum?"

„Nun, es gibt tatsächlich mittlerweile viele Bücher über mich und in den meisten steht die Wahrheit gemischt mit vielen eigenen Ansichten und Interpretationen der Autoren und Autorinnen. Es kommt darauf an, wem ich etwas empfehlen müsste.

Wer einen Einstieg sucht, sollte nicht – wie du erwähnt hattest – irgend ein Buch oder Orakelkarten wählen, sondern wer suchend ist und offenen Herzens verdient die beste Qualität an Channelings, verdient die höchste und reinste Wahrheit des Universums. Doch, wie an anderen Stellen in diesem Buch bereits erwähnt, es ist schwierig aufgrund eurer Sprachen und den unterschiedlichen Graden eurer Bemühungen und Werte die reinste Wahrheit auf Papier zu bringen.

Die Kryon-Schule empfehle ich nicht weiter, weil sie zwar von mir oder von Büchern über mich inspiriert ist, aber die meisten Menschen, die irgendwelche Bemühungen unternehmen, dort mein Wissen zu verbreiten, geben nicht meine und auch nicht die reine Wahrheit weiter. Die wenigen, die sich ehrlich um erstklassige Qualität bemühen, werden andere Möglichkeiten finden, zum höchsten Wohle aller zu arbeiten.

Dasselbe gilt eigentlich auch für die Bücher. In alle Bücher ist zu viel Ego der Schreiber eingeflossen, um sie noch als reine oder meine Wahrheit bezeichnen zu können. Es gab immer wieder einige gute Ansätze, doch das Durchhaltevermögen der Versucher ließ nach und sie gaben sich irgendwann mit Mittelmäßigkeit in Bezug auf Reinheit, Wahrheit und/oder Qualität zufrieden. Ich bin keinem von ihnen böse, doch ich spreche nicht mehr zu ihnen. Sie sollen nicht noch mehr Unfug in meinem Namen verbreiten. Wer sich mit mittelmäßigen Wahrheiten abgibt, der ist bei uns Hütern und Hüterinnen der Strahlen falsch, außer er will dazulernen."

„Gibt es einen Grund, warum ich jetzt nicht davon ausgehen sollte, dass auch in dieses Buch mein Ego eingeflossen ist?"

„Ist es auch und das wurde dir bereits gesagt. An drei Stellen. Du wirst sie finden, wenn du noch einmal in Verbindung gehst mit dem jeweiligen Hüter und jedes Channeling noch einmal durchliest. Das weißt du doch alles schon."

(Anm: Ich habe die drei Stellen bereits gefunden und herausgelöscht.)

„Also, gibt es irgend ein Buch, das du trotzdem empfiehlst?"

„Ja. Ich empfehle jenen von euch, die viel Zeit haben, alle Bücher über mich mit Vorbehalt zu lesen und dabei eure Wahrnehmung zu trainieren. Ich weiß, es gibt verschiedene Stadien eurer Entwicklung und ihr könnt unterschiedliche Dinge für wahr (für euch wahr!) erachten. Doch keiner, der mit offenem Herzen und klarem Geist in Verbindung mit seiner Seele liest, wird meine Wahrheit und die reinste Wahrheit (was dasselbe ist) verkennen können.

Doch achtet darauf, mit eurer Seele in Verbindung zu sein und auf die reinste Wahrheit ausgerichtet zu sein. Geht nicht in Verbindung mit irgendwelchen anderen Energien, auch wenn ihr glaubt, sie seien euch hilfreich und wohlgesonnen. Ihr könntet viel zu leicht einer Täuschung unterliegen. In der Astralwelt gibt es einige Wesen, die sich als etwas ausgeben, was sie nicht sind. Doch niemand darf sich als deine Seele ausgeben!

Hast du sonst noch Fragen?"

„Ja. Bezüglich der Täuschungsmethoden aus der Astralwelt. Mir kommt es so vor, als ob immer raffiniertere Methoden eingesetzt werden, um uns zu täuschen. Ist das so und wenn ja, warum, und wie können wir Sicherheit erlangen, wer mit uns spricht oder arbeitet?"

„Ja, es ist so. Weil sich die Lage zuspitzt. Manche dieser Wesen treiben noch schnell ihren Schabernack. Sie werden bald nicht mehr in der Astralwelt nahe der Erde bestehen können, wenn sich die Energie erhöht hat. Andere wiederum werden bleiben, sie gehören der Seite des dunklen Lichts an, und das dunkle Licht macht die Evolution mit. Es werden nicht alle Gegebenheiten und Gesetze eures Universums verändert, nur weil die Erde als Gesamtsystem ihre Schwingung verändert.

Das dunkle Licht ist notwendiger und fixer Bestandteil eures Universums und das wird es bleiben. Die Vertreter des dunklen Lichts haben die Aufgabe, euch etwas anzubieten: einen Umweg, um Erfahrungen zu sammeln und um herauszufinden, was eure innere Wahrheit ist und was nicht, wer ihr seid und wer nicht, was ihr wollt und was nicht.

Die Vertreter des dunklen Lichts werden nicht primitiver sein als die Vertreter des hellen Lichts. Es gibt immer verschiedene Vertreter auf verschiedenen Ebenen und das Spektrum verschiebt sich gerade.

Ich erkläre es in einer Zeichnung.

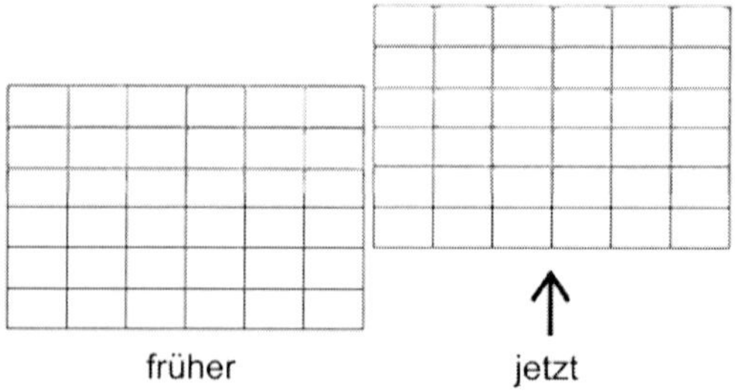

In diesen Rechtecken könnt ihr euch die Vertreter des hellen Lichts auf der einen Seite und die Vertreter des dunklen Lichts auf der anderen Seite vorstellen. Aber nicht links-rechts-geteilt sondern als würde ein Blatt vor euch liegen. Wenn ihr das weiße Blatt wendet, seht ihr die schwarze Seite und umgekehrt. Es gibt zu allem ein Pendant. Und es gibt unterschiedliche Spielarten von Wesen und verschiedene Entwicklungsstadien. Ein Mensch, der sich seiner Seele nicht bewusst ist, könnte auf Ebene 1 sein und einer, der in Einklang damit lebt, könnte auf Ebene 5 sein.

Zu einem Menschen auf Ebene 1 kommen nur die Vertreter der Ebene 1. Zu einem Menschen auf Ebene 5 können alle Vertreter kommen, jedoch kommen gewöhnlich nur die von Stufe 5. Alles andere wäre nur ein „Test", ob sich der Mensch an die gelernten Lektionen erinnert und ob er danach lebt.

Diese Tabelle ist nur ein Hilfsmittel, damit ihr anfangen könnt zu verstehen. Sie dient keinerlei Bewertung sondern nur dem besseren Verständnis. Also bitte macht euch keine Gedanken darüber, auf welcher Stufe ihr steht, sondern lebt euer Leben möglichst im Einklang mit eurer Seele."

„Kryon, ich danke dir sehr."

„Gerne geschehen. Ich segne euch.
Kryon"

Lady Nadja

„Das Feenreich grüßt euch, ich grüße euch. Wir sind froh und dankbar, auch „unseren Senf" dazugeben zu können. ☺

Ich bin Lady Nadja und segne euch mit tief empfundener wahrer Liebe und einem lichtvollen Augenzwinkern. Seid gegrüßt, Menschen, und hört unsere Botschaften.

Der Segen an den folgenden Seiten ist der, dass diejenigen, die oft nicht gehört und nicht gesehen werden, endlich zu Wort kommen können: die Feen und „lichtgebundenen" (nicht erdgebundenen) Geister auf der Erde.

Ich, Lady Nadja, spreche zu euch als Botschafterin dieser Wesen und dasselbe tun auch so manche meiner Schützlinge, manche der zartgoldenen Strahlenkinder.

In einer Zeit der Welt, in der Profit, Bequemlichkeit und Konsum die Menschen kurzsichtig handeln lassen ist es wichtig, dass ein „Gegenstück" geschaffen wurde, um das Gleichgewicht wiederherzustellen und eure Werte wieder zurechtzurücken. Dies bedeutet jedoch nicht, dass die Strahlenkinder, deren Seelen den Schwingungen des zartgoldenen Strahls ausgesetzt wurden, gegen euch arbeiten, bitte versteht uns richtig. Sie helfen euch zu erkennen, was wirklich wichtig ist für euch, und was ihr mehr achten und respektieren solltet. Sowohl auf der materiellen (z.B. eure Nahrungsmittel) als auch auf der feinstofflichen Ebene.

Liebe Menschen, ihr würdet vielleicht ein besorgtes Gesicht machen, wenn ihr von einigen der kommenden Veränderungen bereits wüsstet. Doch was es auch ist, das wie ein Mangel aussehen oder sich so anfühlen mag, es dient wirklich eurem höchsten Wohl und ja, es ist wirklich notwendig. Wir möchten euch einige Fragen stellen, um eure Aufmerksamkeit darauf zu trainieren, dass ihr einen geeigneten und angemessenen Umgang mit euren zukünftigen Situationen findet – und euch folgerichtig leichter anpassen könnt an das was kommt:

Wann wart ihr zuletzt wirklich dankbar dafür, dass euch ein Lebewesen seine Lebensenergie gibt, um euch zu nähren, zu lehren und zu heilen?

Wie oft habt ihr euch bei den materiellen und feinstofflichen

Wesen bedankt, die eure Nahrung und euer Wasser pflegen und hegen?

Habt ihr jemals darüber nachgedacht, etwas als Dank zurückzugeben, wenn auch nur symbolisch?

Es hört sich wohl eigenartig an, aber würden die Feen und alle anderen Naturgeister – oder gar Mutter Erde – ein Ego besitzen, wärt ihr schon längst verhungert und verdurstet. Denn das Wissen und die Dankbarkeit, der Respekt im Umgang mit allen Wesen der Natur sind sehr stark zurückgegangen. Denkt mal darüber nach und entscheidet, wie ihr weiterhin mit den Naturwesen umgehen wollt. Und wir fordern euch mit Nachdruck auf – handelt demgemäß!

Um zu erklären, warum ich als Botschafterin der Naturwesen zu euch spreche: Ich selbst hatte viele Dienste als Fee, als Gnom, als Wassergeist, als Blumenelfe etc., daher weiß ich um deren Freud und Leid. Ja, ab und zu leidet ein feinstoffliches Wesen, auch wenn es kein Ego hat. Und ja, ihr habt es erraten, es hängt oft mit dem lieblosen Umgang zusammen, mit den Menschen.

Ihr solltet alle viel besser auf den Ausgleich achten. Durch die grauenhaften Manipulationen, die Folge des sehr entarteten Geldsystems, ist es immer schwieriger für euch, einen sinnvollen Ausgleich herzustellen. Aber dies ist nur das Offensichtliche in der materiellen Welt, dahinter liegt das Grundproblem auf der feinstofflichen Ebene. Ihr könnt nicht einfach nur nehmen und nehmen und noch mehr nehmen und davon ausgehen, dass das in Ordnung ist – und dann nicht mal einen Gedanken der Dankbarkeit haben! Das gibt's doch nicht, denken sich die Naturwesen. Sie sind teilweise tief erschüttert darüber, wie ihr handelt und denkt. Denn es kommt einer Vergewaltigung der Natur gleich.

Tja, und wenn du jetzt denkst – ja, du, der du diese Zeilen

liest –, dass du damit nichts zu tun hast, sei ehrlich. Es gibt Dinge, die du unterlassen könntest, von denen du weißt oder ahnst, dass sie nicht in Ordnung sind und es gibt Dinge die du tun könntest, um etwas in Ordnung zu bringen. Jeder, der jetzt sagt, dass er nicht genug Macht oder Einfluss besitzt, um etwas zu verändern, ist noch nicht in der neuen Ordnung „angekommen" und wird Lektionen erhalten, um zu lernen, den Willen zur Nutzung der eigenen Macht einzusetzen.

Bitte begreift, dass ihr euch nicht aus eurer Verantwortung als Menschen herausreden könnt.

Um euch ein klares Beispiel zu nennen: Um einen Baggerfahrer aufzuhalten, der eine Aulandschaft zerstört für Parkplätze, bedarf es Menschen, denn er hört höchstwahrscheinlich die Rufe der Elfen und Feen und der Baumgeister nicht.

Es würde bereits helfen, die Naturgeister zu warnen, sodass sie Gelegenheit haben umzuziehen oder sich zu verabschieden bevor irgendwo etwas gebaut wird.

Es sind die einfachen Dinge, an die oft nicht einmal gedacht wird.

Nun, wie auch immer, es war wichtiger, diese Botschaften zu euch zu bringen, als dass ich euch meine Dienste und Inkarnationen aufzähle. Aber durch diese Rede könnt ihr nun wissen, wie es in meinem Herzen aussieht: Ich liebe das Leben in all seiner Vielfalt und ich achte es und respektiere es. Das habe ich nicht in all meinen Inkarnationen getan – immerhin weiß ich deswegen umso besser, warum ich es heute tue.

Und ich liebe euch alle, jedeN einzelneN von euch. Denn auch in euch summt und vibriert Leben, in jedem von euch ist Liebe!

Ich weiß, dieses Buch ist auch eine große Aufforderung für jedeN von euch zur Veränderung. Und mir ist bewusst, ihr macht es sowieso: Ihr verändert euch andauernd. Die anderen

Hüter und ich wollen nur einige Denkanstöße mit ins Spiel werfen, um es euch zu erleichtern, zu verstehen. Durch Verständnis und Mitgefühl wachst ihr und eure Verletzungen können heilen. Wir wünschen euch, dass ihr heilt und dass ihr eure Ängste ablegt, indem ihr die Welt zu einem liebevollen Ort im Universum der hell-dunklen Liebe gemacht habt. Dies ist der Weg und das Ziel. Der Rest hängt von euch ab. In diesem Buch findet ihr keine Anleitung, wie ihr reich an Geld werdet, denn das wäre zu unsicher und es ist nicht das Geld an sich, das ihr braucht. Es sind die Lebensmittel, die warme Decke zum Schlafen, das Feuer zum Kochen, das Wasser zum Trinken und die Liebe zum Leben. Und das alles gab es schon lange, bevor es Geld gab, und das wird es noch lange danach geben.

In diesem Sinne:

Wir segnen euch aus vollen, hoffnungsfrohen Herzen.

Wir sagen: gerne geschehen.

Auf Wiedersehen!

Segen, Laurita und Lady Nadja“

„Danke, Lady Nadja, und ich danke auch allen Naturwesen für ihren Dienst! Ich segne euch!“

Laurita

„Ich bin Laurita, die Göttin der Selbstgnade und Selbstliebe.

Ich bin diejenige Vertreterin der Hüter in diesem Universum, die das göttliche Licht aus seiner Urquelle empfängt, transformiert und umwandelt in Selbstliebe und Selbstgnade und diese Schwingung dann hält und zur Verfügung stellt.

Dies ist meine Hauptaufgabe für euch Inkarnierte und auch für diejenigen, die für euch (meist) nicht sichtbar sind, eure

Feenwelten und Heilungsebenen. Ich arbeite eng mit Lady Nadja und einigen anderen zusammen, die wiederum meine transformierten Schwingungen empfangen und weiter umwandeln für ihre jeweiligen Zwecke und Ziele. So bin ich auch Teil der Triade, die die höchste Liebes- und Heilschwingung in eurem Universum hält, die magentafarbene Energie, über die du schon Bescheid weißt. Ich bin auch die Hüterin des hellrosa Farbstrahls, der die Strahlenkinder – wie ihr sie nennt – zur Erde bringt und ausstattet.

Dies klingt für euch vielleicht nach einer Menge unterschiedlicher Aufgaben, doch so ist es nicht. Es geht immer um die Weitergabe von in Liebe verwandeltem göttlichem Licht. Dabei verwandle ich das göttliche Licht nicht wirklich, ich hebe lediglich den Liebes- und Gnadenaspekt darin hervor, betone und verstärke ihn. Liebe und Gnade, wie auch Selbstliebe und Selbstgnade, sind zwei untrennbar miteinander verwobene „Zustände", wobei Zustand nicht das richtige Wort ist, doch in Ermangelung eines passenderen Ausdruckes verwenden wir es jetzt.

Das eine wird schwerlich ohne das andere möglich sein. Wer sich selbst und andere nicht in Gnade stellt, kann weder sich selbst noch andere uneingeschränkt lieben.

Bei euch auf der Erde gibt es viele Ungereimtheiten in Bezug auf Gnade und Liebe. Selbst die meisten Definitionen von Gnade und Liebe, die in eurer Literatur (gesprochen, gesungen oder geschrieben) zu finden sind, treffen es meist nicht.

Viele Menschen verwechseln leider immer noch Aufopferung, Selbstaufgabe, Unterwürfigkeit in einer ungesunden Form sowie die Schmälerung ihres Selbstwertes im Allgemeinen mit Liebe. Viele machen sich dadurch abhängig von äußeren Faktoren wie Partnern und Partnerinnen, Eltern, Vorgesetzten, der Gesellschaft etc.

Dies ist nicht gut für euch.

Liebe ist ein Zustand des Vertrauens in sich selbst, der Akzeptanz seiner selbst, des Einverstandenseins mit sich selbst. Wer mit sich selbst hadert oder mit seiner/ihrer Vergangenheit, stellt sich selbst nicht in einen Zustand der Gnade und folglich kann keine echte Liebe fließen sondern nur vom Ego vorgegaukelte „Selbstbestätigung“, was (meistens) durchaus als Fehleinschätzung gewertet werden kann.

Nun gehören eure Egos deswegen nicht bekämpft sondern geheilt. Diese Heilung erhaltet ihr, wenn ihr es euch endlich wert seid, auch über die unangenehmen Dinge in eurer Vergangenheit und Gegenwart nachzudenken, um euch damit auszusöhnen, daraus zu lernen und sie emotional loszulassen, sodass sie auf ihren Platz im Reich eurer persönlichen Vergangenheit zurückkehren oder auch erstmalig dahin treiben können.

So heilt ihr euch selbst. Für diese Prozesse braucht ihr momentan noch alle Unterstützung aus den „unsichtbaren Sphären“, die euch tatsächlich umgeben. Denn ihr werdet Teile der alten Schmerzen nochmals durchleben, um die Würdigung zu lernen. Und in diesen leidvollen Zeiten stehen euch unter anderem die Welten der Engel, der Naturgeister sowie viele andere Ebenen als Unterstützung und Stärkung zur Seite. Ihr könnt in diesen Prozessen ruhig um Hilfe bitten, darum, dass Kraft und Durchhaltevermögen in euch erweckt werden. Ihr tragt alles in euch, was ihr für euer Leben braucht, um euch weiterzuentwickeln. Nur ist nicht immer alles aktiviert und „frei zugänglich“. Verliert nicht den Mut. Vertraut darauf, dass jedes Leiden ein Ende hat, denn auf der Erde ist alles im Wechsel, da sie ein polarer Planet ist, der sich gerade weiterentwickelt. Die einzige Ausnahme besteht darin, dass ihr euren freien Willen dazu benutzen könnt, in eurem Leiden zu verweilen, es festzuhalten. Dies kommt öfter vor als uns lieb ist.

Entscheidet ihr euch für die Heilung durch Selbstgnade und Selbstliebe, so könnt ihr nicht erwarten, dass diese Heilung so funktioniert wie eure Schmerzmedikamente. Denn Heilung geschieht nicht durch Ausblenden von Schmerz sondern durch Annahme und Verstehen und das Treffen von neuen Entscheidungen.

Um diese emotionalen, psychischen, mentalen, physischen und feinstofflichen Heilungsprozesse zu unterstützen, zu begleiten und zu beschleunigen, gibt es also Dienstseelen, welche sich bereit erklären, mit dem hellrosa Farbstrahl zu inkarnieren. In ihnen sind die Qualitäten der Selbstgnade und der Selbstliebe in besonderem Maße angelegt.

Alleine durch ihre Anwesenheit auf der Erde geschieht bereits Heilung, werden Liebe und Gnade vermehrt und im morphogenetischen Feld der Erde und der Menschheit verstärkt präsent und gut verankert.

Diese Inkarnationen sind Liebesdienste, denn die Seelen, welche mit diesem Farbstrahl inkarnieren, sind bereits weiter entwickelt als die meisten Menschen auf der Erde, sodass sie diese Schwingungen halten und verstärken und ausstrahlen können. Meist haben diese Menschen keine großen Probleme mit ihrem Ego, da sie, wie gesagt, weiterentwickelt sind. Doch eine Herausforderung ist für die meisten von ihnen die Harmonie mit dem sogenannten „Schatten", der dunkelpolaren Seite, die jeder Mensch „mitbekommt", damit er auf der Erde existieren kann. In diesem Zusammenhang, in Kombination mit einigen sehr eigenartigen Wertesystemen und Glaubenssätzen oder Vorstellungen auf der Erde, kann es durchaus wieder zu „Problemen", also Aufgaben der Integration und Heilung für sie kommen.

Doch was wäre eine Inkarnation ohne Lernprozesse und Entwicklung?

Durch ihre Inkarnationen heilen diese Dienstseelen auch die

Egos und Schatten, bringen also mit in Einklang und Harmonie, was über Jahrtausende hinweg immer wieder Probleme verursacht hat: Trennung (und Wertung) zwischen dem sogenannten Guten und dem sogenannten Bösen. Dies ist eines der größten Aufgabenfelder eurer Zeit, wenn es um innere Entwicklung geht. Nehmt es ernst und befasst euch damit, mit euch, rate ich euch.

Gibt es sonst noch etwas was du/ihr über mich wissen wollt?"

„Ja, Laurita, bist du schon auf der Erde inkarniert gewesen?"

„Ja, vor langer, langer Zeit, als die Atlanter noch ihre Zivilisationen aufbauten, hat auch meine Seele daran mitgewirkt, die Liebesschwingungen in Kristallen für Heilungszwecke zu installieren, also zu manifestieren. Es gab mehrere Inkarnationen, doch in den letzten tausend Menschenjahren war ich nicht mehr in physischen Körpern bei euch vertreten. Ich arbeite jetzt körperlos. Das muss ich sein, um all die Dienste und Aufgaben erfüllen zu können. Eine Beschränkung in Raum, Zeit und Körper wäre dafür nicht dienlich."

„Gibt es von dir auch Aspekte deiner Seele, die inkarnieren, so etwa wie Frank Alper als Aspekt von Adamis' Seelenenergie inkarniert war?"

„Ja, von Zeit zu Zeit, wenn es notwendig ist, „spaltet" sich ein Teilaspekt meiner Seelenschwingung ab, um einen Dienst auf einem sich entwickelnden Planeten in Form einer inkarnierten Existenz durchzuführen. Doch dieser Teilaspekt kehrt nach dem physischen Tod der inkarnierten Existenz wieder direkt zu mir zurück und steht auch während der Inkarnation in gewissem Kontakt zu dem Rest von mir."

„Laurita, wie wirkt sich aus deiner Wahrnehmung heraus der Konsum von Drogen auf die Menschen, ihre Fähigkeit zu lieben und sich selbst in Gnade zu stellen, aus?"

„Es gibt viele Aspekte, die man beachten muss, um diese Frage vollständig und „richtig" zu beantworten. Es gibt wenig Generelles, was ich dir dazu mitteilen kann, da die Menschen, die Drogen und die Situationen sowie Motivationen, Drogen zu konsumieren, so vielfältig sind.

Aber soviel sei gesagt: Das Zuführen von Substanzen welcher Art auch immer, die die Wahrnehmungen und Strukturen sowohl im physischen als auch im feinstofflichen Körper verändern, stehen im Gegensatz zur Akzeptanz dessen was ist. In gewissem Ausmaß bedeutet dies, dass der Mensch nicht bereit ist, sich mit dem zufriedenzugeben oder abzugeben was ist. Es ist oft ein Zeichen von Unzufriedenheit und im Wort „Sucht" steht ja eindeutig die Suche nach etwas dahinter.

Es gibt natürlich auch Heiler, sogenannte Schamanen und Kräuterkundige, die Drogen konsumieren. Doch dies geschieht vor einem Hintergrund der Traditionen, des Zusammenhalts einer Gesellschaft. Somit ist dies eine andere Ausgangsbasis als die allwöchentlichen Trink- und Drogengelage in vielen „westlich-zivilisierten" Gesellschaften.

In jedem Falle gilt: Kein Mensch muss Drogen nehmen, um außergewöhnliche Erfahrungen zu machen. Eure Körper, eure Seelen, euer Geist ermöglichen so viel mehr als das, was ihr bis jetzt erkundet habt und glauben würdet. Drogen sind in diesem Fall also kein Hilfsmittel sondern ein bequem scheinender Umweg, der euch weg von euch selbst führt, auf lange Sicht betrachtet.

Zusätzlich dazu kommt folgender Gedanke, wenn er weitergedacht wird: Wer nicht akzeptieren kann was ist, kann auch sich selbst als Teil der Existenz nicht akzeptieren, kann nicht die Göttlichkeit in allem Sein erkennen und akzeptieren. Somit stellt man also nichts in Gnade, weil man es ablehnt und somit kann keine Liebe fließen.

Mehr sei dazu jetzt nicht gesagt.

Alles andere ist spezifischer und es könnten Bücher über Bücher dazu gechannelt werden. Doch es ist sinnvoller, wenn die Suchenden einzeln und persönlich zu einem Channelmedium kommen, um zu finden was sie suchen, und um die Umwege Umwege sein zu lassen, wenn sie dies entscheiden.

Du bist gesegnet, ihr seid gesegnet, in stetiger Verbundenheit und Unterstützung,

eure Laurita."

Leonidas

„Ich bin die Hüterenergie des lila Farbstrahls und Leonidas könnt ihr mich nennen.

Ich bin ähnlich wie Metatron ein Wesen mit zwei Ausdrücken: einem weiblichen und einem männlichen. Beide werden angesprochen, wenn du Leonidas schreibst oder sagst.

Ich bin eine Seele, die schon in diesem und in anderen Universen inkarniert ist. Daher kenne ich die Nutzen des lila Farbstrahls und seiner Energien schon lange. Ich habe gelernt damit umzugehen, hatte einige Inkarnationen als Priester im Dienst des lila Farbstrahls, aber nicht so wie die Strahlenkinder auf der Erde. Sie dienen der Menschheit und der Erde. Ich habe als „Mönch" (das trifft es am ehesten) einige Inkarnationen damit verbracht, mich mit den Eigenheiten und der Magie, den Auswirkungen des lila Farbstrahls zu befassen, darüber zu lernen, was mir möglich war.

Das ist lange her, ich habe meine Inkarnationszyklen auf der Erde und in anderen Universen abgeschlossen und diene jetzt als Hüter des lila Farbstrahls. Dies mache ich schon eine ganze Weile, langweilig wird mir dabei nicht. Ich habe diesen Dienst auch in anderen Universen miterlebt, von mehreren Positionen aus: als EmpfangendeR, als GebendeR und als UnterstützendeR – während meiner Lernzeit und Eingewöhnungszeit. „Mentore" hat diesen Dienst vor mir ausgeführt. Er/sie ist jetzt ein Schöpferwesen geworden und betreut ein eigenes Universum, das aus Klängen und Farben und Düften und Gefühlen besteht, nicht unweit von diesem Universum.

Ich werde diesen Dienst noch eine Weile weiterführen. Doch diese Aufgabe ist eine mögliche Vorstufe zum Schöpferwerden. Irgendwann kommt ein Schüler/eine Schülerin und ich werde, wenn die Lehrzeit abgeschlossen ist, meine Stelle abtreten, um selbst ein Schöpferwesen zu werden.

Wie ich bin kann ich dir schwerlich begreiflich machen. Du kannst es zwar spüren aber in Worte ist es nicht so leicht zu fassen.

Wenn jemand von den Lesern und Leserinnen diese Erfahrung machen möchte, gerne. Konzentriert euch einfach, wenn ihr einen ruhigen Nachmittag habt, auf die Farbe Lila und ruft meinen Namen. Bittet einfach darum, die Erfahrung machen zu dürfen, meine Schwingungen zu spüren. Ich werde dann dafür sorgen, dass ihr die optimale Intensität der lila Energie wahrnehmen werdet. Stellt keine Bedingung, bittet nicht um Heilung für etwas Bestimmtes oder um Antworten. Das könnte eure Wahrnehmung und den Nutzen, den ihr davon habt, euch auf die Schwingung einzulassen, schmälern. Lasst zu, dass die lila Energie euch flutet, wenn ihr das braucht. Der Körper und eure Seele wissen, was notwendig ist, euer Kopf meist nicht. Es kann allerdings auch sein, dass ihr die Energie punktuell erfahrt. Seid dann bitte nicht enttäuscht. Falls es so wäre, seid vergewissert, dass es zu eurem höchsten Wohl ist zu jenem Zeitpunkt in eurem Leben.

Ihr könnt bei Interesse oder Bedarf diese Übung gerne wiederholen. Achtet bitte darauf, dazwischen immer wieder für ausreichend Erdung zu sorgen, die lila Energie schwingt sehr hoch. Gerade Menschen, die selbst hoch schwingen, vertragen nicht immer viel lila Energie, weil es sie „ausheben“ könnte. Ihr müsst ja in gewissem Ausmaß kompatibel mit den anderen Schwingungen auf der Erde bleiben ...

Seid gesegnet.

In Liebe und umfassendem Verständnis,

Leonidas“

Lonar

„Ich bin Lonar.

Seid gegrüßt.

Ich bin einer der „jüngeren“ Hüter. Ich hatte, wie viele andere Hüter der Farbstrahlen, auch Inkarnationen auf der Erde, doch meine letzten sind schon eine Weile her – gerechnet in eurer Erdenzeit. Zu Zeiten von Atlantis war ich mehrmals inkarniert. Von der Zeit her „kennen“ mich einige von euch. Mit einigen Lesern und Leserinnen gab es Kooperationen und gemeinsame Projekte. Wir haben mit Kristallen gearbeitet. Mit manchen von euch haben wir Heilschwingungen in Kristalle programmiert, eine Technik, die jetzt wieder angewendet wird auf Erden. Viele von euch tragen noch Informationen aus jener Zeit mit sich herum, die sich vielleicht irgendwann in euren Leben offenbaren, um der Heilung und Schwingungserhöhung zu dienen. Diese Informationen sind auf der Zellebene und im kollektiven

Unbewussten eingespeichert und können bestenfalls zum höchsten Wohle aller bald wieder abgerufen werden.

Doch ich bitte euch, macht keine Experimente auf eigene Faust, wenn ihr nicht absolut sicher seid (nicht mir gegenüber, sondern euch selbst gegenüber), dass ihr das könnt und auch bereit seid, mit den Konsequenzen zu leben. Alles hat Konsequenzen, sie können zum Vorteil oder zum Nachteil sein, angenehm oder schmerzhaft. Seid euch dessen bitte bewusst, bevor ihr anfangt, nur so zum Spaß oder aus Neugier herumzuexperimentieren.

Dies als kurze Warnung, denn auch in Atlantis gab es Experimente, und nicht alle waren zum höchsten Wohle aller.

Ich bin der Hüter des blau-grünen Farbstrahls. Die Kinder dieses Farbstrahls beschäftigen sich gerne mit Umweltfragen und Technik, wie sie eingesetzt werden kann, um allen Menschen zu dienen ohne (wie leider sonst üblich) der Mutter Erde zu schaden.

Die Zeiten der Ausbeutung und der rücksichtslosen Umweltverschmutzung sind bald vorbei. Wer nicht noch schnell dazulernt und „die Kurve kratzt", wird einen hohen Preis dafür zahlen. Dabei braucht sich niemand von euch angegriffen oder bedroht zu fühlen, es ist eher so, dass nach einer langen Phase der sinnlosen Zerstörung endlich Einhalt geboten wird. Lange genug hattet ihr Zeit, für Veränderungen zu sorgen und teilweise ist es auch geschafft. Doch es reicht noch nicht, es geht noch viel mehr. Biologische Lebensmittel sind mittlerweile hoch im Kurs, doch ihr solltet ausschließlich davon leben. Fairness im weltweiten Handel und menschenwürdige, naturwürdige Arbeitsbedingungen sind die Zukunft. Manche von euch haben das begriffen und haben eingelenkt. Die anderen wollten noch nicht auf die leichte Tour lernen, die Lektionen werden deutlicher.

Die Erde wird in 200 Jahren ein sehr viel liebevollerer Ort sein, die Natur wird sich von der Industrialisierung und dem Raubbau vollständig erholt haben und Mutter Erde wird wieder fähig sein, Menschen besser zu nähren und zu heilen als es ihr jetzt möglich ist – durch eure Taten und Gedanken! Menschen werden kein Fleisch mehr essen und keine anderen tierischen Produkte, außer eventuell Milch zu rituellen Zwecken, und auch das selten. Es wird keine Fleisch fressenden Wesen mehr auf der Erde geben und der Mensch wird im Einklang mit der Natur leben. Liebe und Respekt werden den Umgang aller Lebewesen prägen, und es werden alle damit zufrieden sein. Es wird eine Zeit der Ruhe, der Harmonie, des inneren Wachstums und der Kommunikation, des Austausches mit anderen Zivilisationen und mit Raumschiffen kommen. Sobald das alles stabilisiert ist, wird auch die Menschheit anderen Zivilisationen beistehen, um den Prozess erfolgreich zu durchlaufen, den ihr gerade durchmacht – mit kleinen Variationen ähnelt es sich doch sehr, wie Zivilisationen zur göttlichen Ordnung erwachen. Einige der Seelen, deren Inkarnationen jetzt diese Zeilen lesen, werden dann in der Rolle sein, Hilfestellung anzubieten. Alles im Universum reift heran, wächst und lernt dazu. Die, die heute Hilfe brauchen, können bald Hilfe geben. So helfen alle einander.

Es mag so manche von euch hart treffen, dass ihr diese Zeit nicht in eurer jetzigen Inkarnation schon erleben und genießen könnt. Immerhin arbeitet ihr jetzt auf vollen Touren daran, das zu ermöglichen. Es mag ungerecht anmuten, dass ihr schuftet und kommende Inkarnationen und Generationen genießen dürfen. Doch ich erinnere euch in sanftem, liebevollem aber bestimmtem Ton daran: Ihr habt es euch so ausgesucht. Und ihr könnt dankbar dafür sein, dass ihr unter gewissen Gräueln der Vergangenheit nicht mehr leiden müsst. Ihr habt auch Vorteile gegenüber vergangenen Inkarnationen eurer Seelen und gegenüber euren Ahnen. Jede Zeit hat ihre Vorteile und Nachteile, ihre Leichtigkeit und ihre Schwierigkeit. Die Zukunft klingt vielleicht für euch jetzt wie Honiglecken, doch auch in der Zukunft wird es Konflikte geben und Lernprozesse. Es werden dann eher innere Konflikte und Lernprozesse sein. Ihr erinnert euch: Jede Seele strebt nach Vollständigkeit und dem Zustand bedingungsloser Liebe, sie strebt danach, Schöpfer zu werden. Eine der Aufgaben in der Zukunft wird beispielsweise sein, sich auf die bedingungslose Liebe einzulassen und diese Schwingung so lange wie möglich aufrechtzuerhalten. Da aber jede Seele noch einige unerledigte Dinge aus der Vergangenheit mitbringt und diese aufgelöst werden dürfen und müssen, ist Arbeit an sich selbst und Geduld erforderlich. Erst wenn alles aufgelöst werden konnte und alle Erfahrungen, die sich die Seele vorgenommen hat, vollständig sind, erst dann ist der Weg zu der bedingungslosen Liebe völlig frei. Ein Schöpfer sollte heil sein, sonst kann er keine heilvollen Bedingungen schaffen. Wenn es um die Verantwortung geht, Rahmenbedingungen für ein Universum zu schaffen und aufrechtzuerhalten, soll es nicht vorkommen, dass die Seele innerlich instabil ist, sobald ein Reizthema aus der Vergangenheit der Seele auftritt, das noch nicht geheilt ist. Ein Schöpferwesen trägt zwar nicht die Verantwortung für die einzelnen Seelen, die sich im Universum erfahren, aber für die Stabilität der Rahmenbedingungen."

„Lonar, ich stoße mich immer wieder an der Formulierung: Das hast du dir selbst so ausgesucht. Ich bin ziemlich sicher, dass ich mir nicht alles Unangenehme genau so ausgesucht habe, wie es dann in mein Leben kam. Bitte erkläre mir das."

„Die Seele erschafft sich die Inkarnation, also euch Menschen, passend zu den Erfahrungen, die sie im Leben sammeln will. Es gibt Dinge, die erstmalig erlebt werden können, es gibt Dinge, die aufgelöst werden können. Dafür ist es notwendig, dass der Mensch ausgestattet wird mit allem, was er oder sie braucht, um das Leben zu meistern und die vorgenommenen Aufgaben erfüllen zu können.

Die Seele sucht also wichtige Merkmale und bedeutende Personen für das Leben aus, gibt die großen wichtigen Ereignisse im Groben vor. Der Mensch wird erst dann „ins Rennen geschickt", wenn die Resonanz zwischen den Anforderungen und Potenzialen absolut stimmig ist und es dem Menschen auch möglich ist, den Anforderungen zu entsprechen. Deswegen seid ihr perfekt für eure Seelen, ihr seid alle absolut perfekt, so wie ihr seid. Das klingt jetzt alles sehr mechanisch, aber die Seelen gehen dabei sehr liebevoll mit euch um, ein wenig so wie eine Mutter mit ihrem Kind.

Bevor die Seele die erschaffene Persönlichkeit in einen Körper schickt, wird ihr kurz Leben eingehaucht, um quasi zu „testen", ob es funktionieren kann. Bei einem positiven Ergebnis, bei einer Harmonie und Resonanz geht es los, und das Baby inkarniert. Wenn es noch nicht optimal ist, kann noch etwas optimiert, verändert werden. Viele Persönlichkeiten sind in diesem kurzen Moment auch ein wenig stolz darauf, was ihre Seele ihnen zumutet, denn sie wissen, dass sie alles mitbekommen, was sie brauchen, um die Aufgaben zu lösen, um die Probleme zu meistern.

Leider geht dieses Vertrauen oft verloren. Viele Faktoren sind dafür verantwortlich. Es können der lieblose Umgang der Eltern, Missbrauchserfahrungen, Traumata und vieles mehr sein, die dieses Urvertrauen stören. Ihr lebt noch in einer schwierigen Energiekonstellation. Ihr steht an der Schwelle, das Alte ist am Zerbröseln und das Neue ist noch nicht ganz da, noch nicht für alle greifbar. Aber ihr seid, wie vorhin schon erklärt, perfekt ausgerüstet für euer Leben. Wenn ihr das nicht glaubt, ist das eure Entscheidung. Was tut eine Mutter, deren Kind ihr weis machen will, dass es einfach unmöglich ist, das zu erreichen, was auf dem Tisch liegt, weil er einfach zu hoch ist – selbst wenn ein Klapptritt bereitsteht und dem Kind das Erreichen ermöglicht? Die Mutter wird lächeln, das Kind bei der Hand nehmen und ihm helfen, auf dem Klapptritt Stufe um Stufe höher zu steigen, um das zu erreichen, was auf dem Tisch liegt.

Eure Seelen stehen bereit, um euch zu helfen. Wie lange wollt ihr noch verzweifelt in der Ecke hocken und schmollen, weil es bisher manchmal unangenehm war?

Ihr habt alles, was ihr braucht, in euch. Wenn ihr es nicht alleine schafft, Zugang zu diesem Wissen, zu diesen Fähigkeiten, zu eurem Potenzial und euren Ursprungsenergien zu bekommen, ist es auch absolut in Ordnung, wenn ihr euch dabei helfen lasst. Es gibt Menschen und Techniken, die euch dabei unterstützen können."

„Danke, Lonar.

Gibt es sonst noch etwas, das in diesem Buch stehen soll, eine Botschaft, etwas über dich?"

„Nein, das ist alles.

Ich segne euch mit den Energien der Klarheit, der Bewusstheit und des Vertrauens auf die Natur und eure Seelen. Erinnert euch, wer ihr seid.

Amen."

„Vielen Dank, Lonar.

„Gern geschehen. Sei gesegnet."

Maria

„Ich bin die, die ihr Maria nennt.

Ich bin eine Seele, die bereits oft auf der Erde inkarniert war, von der Zeit der Antike und sogar davor bis zur Zeit der Hexenverbrennungen. Eine meiner Inkarnationen, eine weibliche Waldheilerin, Hohepriesterin des Kelches und Kräuterkundige, Eingeweihte in die Kunst des Manifestierens der kosmischen, universellen Heilenergien, wurde als „Hexe" getötet.

Ein wichtiges Thema war für mich, die Weiblichkeit auf verschiedenste Art und Weise zu erfahren. Als Porne im alten Griechenland, als Bettelweib, als Priesterin für beide Seiten des Lichts, als Königin und Wanderhure usw.

Ich habe viele Inkarnationen als Frau gewählt. So habe ich viele Erfahrungen gesammelt. Schließlich wurde ich auf Grund dessen und auch aus anderen Gründen darum gebeten, diesen Dienst beim Ashtar-Kommando wahrzunehmen. Wie viele von euch Menschen bereits gemerkt haben, die Heilung der weiblich-menschlichen Aspekte ist wichtig, auch für den Übergang und die Evolution aller. Auch das ist ein „Arbeitsfeld" der Ashtar-Gemeinschaft. Unser Ziel ist es, euch bei eurer Weiterentwicklung zu unterstützen und unsere Kräfte zum höchsten Wohle aller einzusetzen. Doch eigentlich ist es nicht ein Ziel sondern es ist unsere Aufgabe, unser Wunsch und unser Dienst für euch.

Als die Zeit reif wurde für die Ära der Strahlenkinder meldeten sich auch einige aus der Ashtar-Gemeinschaft für diesen Dienst. Da „Korrespondenten" für die Kommunikation mit den „Raumkommandos" gesucht wurden (ich stelle das unter Anführungszeichen, weil es mehr Interessens- und Dienstgemeinschaften sind als Kommandanten und Heerführer von intergalaktischen Flotten, wie sich das manche vielleicht vorstellen), und am besten solche, die viel Erfahrung auf der Erde sammeln konnten, war es naheliegend, dass ich mich meldete, um meinen Brüdern und Schwestern als Hüterin des rostfarbenen Strahls zu dienen. Ich gehe dieser Aufgabe gemeinsam mit Jesus nach.

Jesus ist eine Seele, die ebenfalls viele Erfahrungen mit dem Erdendasein sammeln konnte, jedoch oft in männlicher Ausdrucksform. So ergänzen wir einander gewissermaßen, sodass wir gemeinsam diese Aufgabe als Hüter des Strahles „perfekt erfüllen“ können.“

„Maria, wie war das damals mit der angeblichen ´unbefleckten Empfängnis´?“

„Das ist, so wie ihr das kennt, ein von den Kirchenoberhäuptern der Vergangenheit erschaffener Mythos. Meine damalige Inkarnation, Maria, war als Jungfrau in die Ehe mit Josef eingegangen. Josef war ein zeugungsunfähiger Mann. Das Wunder der Geburt war ein Wunder der Empfängnis. Ich wurde damals nicht von einem Engel geschwängert sondern die geistige Welt hat das Wunder vollbracht, dass Jesus durch Maria und Josef geboren werden konnte.

Dieses Wunder wiederholt sich auch heutzutage in ähnlicher Weise auf Erden. Auch heutzutage geschehen „Wunder“, ihr müsst nur daran glauben, dass die Möglichkeit dazu besteht. Die geistigen Sphären dürfen nur eingreifen und Veränderungen bewirken oder einleiten, wenn sie die Chance dazu erhalten und nicht gegen euren freien Willen verstoßen. Dies bedeutet nicht, dass jedem, der an Wunder glaubt, jeden Tag drei passieren, sondern lediglich, dass einem Menschen, der Wunder für unmöglich hält, keines passieren wird – außer es dient seinem höchsten Wohl und es wurde von seiner Seele so beschlossen wegen des Gefüges des „göttlichen Plans“.“

„Maria, hast du Botschaften in Bezug auf Weiblichkeit, von denen du willst, dass sie in das Buch kommen?“

„Ja. Wie du selbst bereits erkannt hast, steht die Heilung der Weiblichkeit als großes Thema im Raum. Es ist nicht erst seit gestern so, und es wird morgen auch noch nicht erledigt sein. Die Heilung der Weiblichkeit findet jeden Tag statt, seit Anbeginn der Geschlechtlichkeit, und seither kommen täglich neue Verletzungen hinzu.

Es liegt in eurem Ermessen, zur Heilung beizutragen oder nicht. Wie immer entscheidet ihr täglich und in jeder Sekunde eures Seins mit eurem freien Willen. Es gibt viel, was ich dazu noch zu sagen hätte, doch das wird ein anderes Buch.

Es heißt „Botschaften von Maria über Weiblichkeit“ und existiert in der dreidimensionalen Welt noch nicht aber in meinem „Herzen“ ist es bereits fertig.

Grundlegend ist zu sagen, dass ihr die Chancen nutzen müsst, die euch geboten werden, um Heilung zu erfahren. Je mehr Frauen und Männer Heilung erfahren für ihre Weiblichkeit und Männlichkeit (und beides sollte in euch allen geheilt werden), um so leichter und schneller geht es für alle anderen.“

„Maria, ich kenne zwei Meinungen zum Thema Verzeihen: Die eine ist, dass wir nur Heilung erfahren können, indem wir verzeihen, und die andere, dass Menschen nicht verzeihen können, dass dieser Gedanke anmaßend und unpassend ist und dass nur Gott verzeihen kann. Bitte hilf mir zu verstehen und zum höchsten Wohle aller zu entscheiden.“

„Dies ist ein sehr komplexes Thema. Ich will nicht auf die Feinheiten eingehen aber grundsätzlich ist beides aus einer gewissen Perspektive „richtig“ und gültig. Auf der emotionalen Ebene ist es für euch Menschen wichtig zu verzeihen, damit ihr Heilung erlangen könnt. Groll, Wut und Hass sind unerlöste Formen von Angst und die meisten Menschen sind sich dessen nicht einmal bewusst.

Sinnvoller und zielführender wäre es, dafür zu sorgen, dass die Dinge, die zu diesen Gefühlen geführt haben, nicht mehr geschehen. Groll, Wut und Hass beinhalten so viel Energie wie notwendig wäre, um zu erreichen, dass die verursachenden „Probleme“ (Umstände) beseitigt werden können. Doch wenn ihr diese Energie dafür nicht nutzt, erstarrt sie in euch und wird zur Blockade. Zuerst auf den feinstofflichen „energetischen“ Ebenen, später im gesamten Körper auf sehr manifesten Ebenen. Diese Energie erstarrt in euch, weil der Fluss der Fülle euch mit dem versorgt hat, was ihr braucht, um den „Missstand“ für die Zukunft zu verändern oder dafür zu sorgen, dass er nicht mehr eintritt. Und eure Seele entscheidet manchmal, diese Veränderungsenergie zu speichern, damit ihr sie später nutzt, falls es euch nicht gleich möglich ist oder ihr gerade nicht willens seid. Ein andermal darf diese Energie ungenutzt entweichen, aber es ist in gewisser Weise „Verschwendung“, wenn ihr nicht zumindest für euch selbst daraus lernt.

Menschen, die sehr verbittert sind, haben viele Chancen, Dinge zum Besseren zu verändern, nicht genutzt. Doch solange sie leben haben sie die Möglichkeit, die gespeicherte Energie doch noch zu nutzen. Sie können sich in jeder Sekunde ihres Lebens dafür entscheiden.

Wenn ihr die Chance zur inneren Veränderung nutzt, wird Verzeihen auf emotionaler Ebene möglich und dies ist der Schlüssel zu eurer Herzensliebe. Und wenn eure Herzensliebe fließt, seid ihr „im Fluss“ der Fülle und des Lebens wieder eingeklinkt und Heilung geschieht.

Das andere Argument ist, auf einer anderen Ebene betrachtet, ebenfalls gültig. Gott hat die Seelen geschaffen und die Seelen euch Menschen. Eure Seelen haben euch so erschaffen, wie sie euch brauchen, um die erwünschten und geplanten Erfahrungen zu sammeln und Dienste zu erfüllen, also seid ihr perfekt für euer Leben ausgestattet. Ich weiß, ihr fühlt euch oft nicht so, doch so ist es. Das, was euch daran hindert, dies zu verstehen, sind eure schmerzlichen Erfahrungen, die ihr nicht als Teil eures Lebens akzeptieren wollt oder könnt. Das Schmerzliche daran ist aber, dass ihr etwas nicht verstanden oder gelebt habt und das verursacht eigentlich die Schmerzen.

Jedenfalls seid ihr für eure Seelen perfekt und Gott ist kein Richter und kein Anwalt. Ihr schuldet ihm nichts, nicht Anerkennung, nicht Dank, kein Aufsehen und kein Erheben auf ein Podest, gebaut aus viel zu oft un- oder missverstandenen Worten.

Das Einzige, was ihr tun könnt, das gegen Gott arbeitet, ist, das Leben zu verschmähen. Sowohl euer eigenes als auch jedes andere. Und das ist es, was Gott verzeihen kann, alles andere läuft eigentlich nach göttlichem Plan, auch wenn es sich für euch vielleicht unangenehm anfühlt.

Also ist Verzeihen auf zwischenmenschlich-emotionaler Ebene notwendig zur Heilung, aber auf seelischer Ebene ist Selbstmord und unplanmäßiger Mord, das heißt, wenn ein Lebewesen zu einem zu frühen Zeitpunkt stirbt, obwohl es noch Aufgaben zu erfüllen hätte, das Einzige, was gegen den göttlichen Plan verstoßen kann. Es arbeiten zwar sehr viele Helfer daran, dass dies nicht oder besser gesagt so selten wie möglich passiert, aber es kommt vor. Ihr habt jeden Augenblick eures Lebens die Wahl, dank Gottes Geschenk an die Menschen, den freien Willen.

Verstehst du jetzt?“

„Ja. Ich danke dir für diese wunderbaren Erklärungen und auch für alle

anderen Informationen, die du uns und mir gegeben hast. Danke, Maria.“

„Gerne geschehen. Alles Gute, bis bald“.

„Sei gesegnet.“

Metatron

„Wir sind Metatron. Wir sind der Hüter dieses Universums. Wir halten das Gleichgewicht des hellen und des dunklen Lichts immer auf der Ebene, die gerade notwendig ist und auf der sich der Großteil der Lebewesen im Universum einschwingt.

Diese Aufgabe ist wichtig für dieses Universum. Es gibt jedoch andere Universen, die nicht im Gleichgewicht von Polaritäten schwingen sondern die z.B. rein aus hellem oder dunklem Licht „bestehen“, das heißt, wo die Polaritäten vereint sind. Die friedliche und gleichberechtigte Vereinigung der Polaritäten ist über kurz oder lang das Ziel für dieses Universum, doch wurde es nicht bereits in diesem Zustand erschaffen sondern es entwickelt sich nach und nach dazu. Doch ist noch einiges an Ausgleich notwendig.

Gerade ihr Menschen habt oft auf eurem Planeten in Prozesse des Ausgleichs eingegriffen und dadurch eine ziemliche „Unordnung“ geschaffen, die euch leiden lässt. Hättet ihr euch den Prozessen hingegeben und die natürlichen Vorgänge und Entwicklungen geschehen lassen und respektiert, so hättet ihr davon profitiert.

Deshalb ist euer Planet einerseits ziemlich interessant und viele Seelen wollen hier inkarnieren um Erfahrungen zu sammeln. Andererseits ist er eine Riesenbaustelle, wo an allen Ecken und Enden Ordnung geschaffen werden muss.

Die Ordnung müsst ihr Menschen selbst schaffen, so wie ihr auch die Unordnungen erschaffen habt. So sieht es das universelle Gesetz vor, dessen Hüter wir sind. Wir wissen, dass ihr jede Menge Unterstützung dafür braucht und die erhaltet ihr auch. Die Zivilisationen im Inneren der Erde, die Elementarwesen, die Raumkommandos und all die Strahlenkinder sowie natürlich die Ebenen der geistigen Welt, die Engel und Meister, stehen euch zur Seite. Sie helfen euch sowohl in euren persönlichen Prozessen der Entwicklung als auch in den Entwirrungsprozessen der Einheit Erde, die sich aus der Summe aller Lebewesen zusammensetzt, die in ihrem Schwingungsbereich ist.

Der Mensch neigt manchmal dazu zu glauben, dass es ausreicht, wenn ihr an euch arbeitet. Ihr neigt dazu, euch getrennt vom Rest des Gesamtsystems Erde zu sehen, euch herauszunehmen. Das ist jedoch so, als würde ein Wassertropfen im Meer behaupten, er wäre ganz allein. Versteht ihr den Vergleich? Egal was ihr tut, ihr seid immer verbunden mit dem Gesamtsystem Erde in erster Linie und in zweiter Linie mit allem, was ist.

Manchmal reicht es also schon aus, wenn ihr bei euch bleibt in Gedanken und Taten. Doch immer wieder in eurem Leben werdet ihr an „Wegkreuzungen" kommen, wo ihr entscheiden könnt, dürft oder müsst, ob ihr darüber hinaus auch anderen Wesen bei der Entwicklung helfen wollt.

Manchmal gibt es auch karmische Verbindungen oder Abmachungen zwischen zwei Seelen und sie helfen einander in ihrer Entwicklung ohne sich bewusst dafür zu entscheiden. So erweist eine Seele der anderen einen Dienst und umgekehrt. Doch das macht keine der beiden zu einer Dienstseele, denn es läuft auf den Ausgleich zwischen zwei Seelen hinaus.

Es gibt jedoch die Möglichkeit, sich darüber hinaus für einen Dienst (oder mehrere) zu entscheiden. Einerseits hat eure Seele die Wahl, bevor sie inkarniert, andererseits entschieden sich die

Seelen auf der Erde in den letzten 100 Jahren sehr oft dafür, Potenziale für Dienste mitzubringen und es den Menschen selbst zu überlassen, inwieweit ein Dienst angenommen, also ein Potenzial genutzt wird. Dies ist auch ganz klug so, denn schließlich habt ihr Menschen den freien Willen und nicht alle sind in ihrer persönlichen Entwicklung so weit fortgeschritten, dass sie einen Dienst antreten könnten.

Oft ist es erst nach dem Kinderkriegen und Aufziehen derselben eingetreten, dass so mancher Mensch sich auf die Suche gemacht hat nach dem, was seine Seele für ihn/sie vorbereitet und mitgebracht hatte.

Dies ist bei den Strahlenkindern meist anders. Viele sind sich „von Anfang an" klar darüber, dass sie da sind, um einen Plan, eine Aufgabe durchzuführen. Manche wissen sogar ganz konkret, worum es sich handelt. Andere wiederum entschließen sich zuerst, eine eher „typisch erdenmenschliche" Entwicklung zu leben, um auf der Erde Fuß zu fassen und um Verständnis für die Probleme der Menschen zu entwickeln. Das ist manchmal sogar notwendig, damit sie nicht arrogant und besserwisserisch auf die Nase fallen, da sie zu wenig geerdet sind. Kein Strahlenkind kann alleine durch Wissen und Bewusstheit wirken, denn ein Strahlenkind ist eine inkarnierte Dienstseele mit einer Aufgabe, die auch im Bereich des Materiellen einen Bereich abzudecken hat. Sonst wäre es ja nicht notwendig gewesen zu inkarnieren. Die Erledigung dieses erden- oder menschengebundenen Teils ist es, die so manchem ungeerdeten Strahlenkind Probleme bereitet. Viele fühlen sich unglücklich, ragen ihre Ziele und ethischen Prinzipien doch so hoch hinaus über das, was so passiert auf der Erde. Viele fühlen sich immer wieder eingesperrt in einen menschlichen Körper, in Raum und Zeit.

Der Schlüssel, um dieses Unbehagen abzulegen, liegt darin zu akzeptieren, dass es einen göttlichen Plan für diese Inkarnation gibt, dass sie wichtig und notwendig ist, gerade hier und zu diesem Zeitpunkt und Entwicklungsstand. Der nächste Schritt handelt davon, das zu verändern, was möglich und in dem göttlichen Plan ist, um Ordnung und Ausgleich zu schaffen. Falls jemand den Gedanken hat, es sei nicht möglich, so haltet euch vor Augen, dass selbst die Materie zum allergrößten Teil aus Nichtmateriellem besteht, und dass das Wunder nicht darin besteht, einen Löffel zu verbiegen sondern darin, dass er seine Löffelform behält.

Es könnte dann hilfreich sein, an der eigenen Einstellung, an den persönlichen Ängsten und für mehr Vertrauen zu arbeiten. Der erste Dienst, den eine Dienstseele antritt, die sich aus dem Unbewussten ins Bewusstsein entwickelt, ist der Dienst an sich selbst. Die eigene Entwicklung muss zuerst einen bestimmten „point of no return" (grins) passieren, damit der Dienst vollständig und bewusst angetreten werden kann. Alle, die dies nicht glauben und meinen, sie könnten beispielsweise mit anderen Menschen energetisch arbeiten, obwohl sie noch große Schwierigkeiten mit sich selbst haben und innerlich uneins sind, werden nicht Zugang erhalten zu ihrem vollen Potenzial, solange sie sich nicht zuerst selbst den Dienst erweisen. Sie werden teilweise Unordnung schaffen, obwohl die Ordnung ihr Ziel ist, denn die Unordnung ist in ihnen. Wenn sie Klienten haben, werden es solche sein, die aus bestimmten Gründen diese Unordnung brauchen. Wer die Ordnung nicht kennt, kann sie nicht herbeiführen. Wer uneins ist, kann nicht vereinen und heilen auf höchster Ebene. Jeder Heiler und jede Heilerin kann immer nur bis zu der Ebene Heilarbeit leisten, wie er oder sie selbst heil und eins mit sich selbst ist. Deswegen ist der erste Dienst der Dienst an dir selbst, der vorerst wichtigste, falls du dazu beitragen möchtest, den Ausgleich der Energien und die göttliche Ordnung auf Erden wieder einzuführen und sie zu stabilisieren.

Es ist uns bewusst, dass all dies nicht besonders persönlich war, aber erstens sind wir keine Person, wir sind in unserer Gesamtheit nie inkarniert, und zweitens war es notwendig, euch diese Ratschläge mit auf den Weg zu geben, damit ihr leichter und schneller verstehen und euch somit entwickeln könnt.

Viele Menschen, die dieses Buch lesen, haben ihren Seelen Fragen gestellt, zu denen sie Antworten in diesem Buch finden. Kein Mensch auf der ganzen Welt hat dieses Buch zufällig gekauft oder erhalten. Aber um eure (allzumenschliche – grins) Neugier zu befriedigen: Es gibt mehrere Aspekte, die in mir vereint sind. Salomon (der Weise) und Luzifer sind die beiden Aspekte, die mit dem hellen und dem dunklen Licht in diesem Universum korrespondieren, und sie haben keineswegs einen Streit miteinander – Überraschung! Sie arbeiten beide daran, mit ihren unzähligen Helfern und Helferinnen auf verschiedenen Ebenen das Gleichgewicht in Harmonie gemäß des göttlichen Planes herzustellen. Dies geschieht oft durch Ausgleich. Ein Ausgleich muss sich für euch Menschen aber nicht immer wie das heiß und lang ersehnte angenehme Ereignis anfühlen! Die im Sternzeichen Waage geborenen Menschen sowie die schwarz-perlmuttweißen Strahlenkinder sind unter anderem dazu da, diese Prozesse des Ausgleichs auf der Erde zu initiieren, zu beschleunigen oder zu stabilisieren.

Zusätzlich zu diesen beiden Aspekten gibt es einen „männlichen" und einen „weiblichen" Aspekt in mir. Metatron und Metaline. Wir haben ebenfalls keinen Streit.

Wie ihr seht, gibt es einige Eckdaten und Grundbausteine für dieses Universum: das männliche und das weibliche Prinzip, helle und dunkle Polarität, universelle Gesetze, um den göttlichen Plan durchführen zu können.

Mit Gott meine ich nicht den „alten Knacker", den sich viele von euch immer noch vorstellen, wie er die Erde von außen betrachtet!

Zum Schluss möchte ich euch dazu ermuntern, euer Leben, eure körperliche Existenz auf der Erde zu genießen, so gut ihr könnt. Selbstverständlich ist es nicht immer angenehm aber seit die Welt der Elementarwesen und die Kommunikation mit euren Seelen und den Engelsebenen weiter weggerutscht sind von euch, was ihr euch selbst zuzuschreiben habt, beobachten wir sehr viel Leid und weniger Humor bei euch Menschen. Das ist schade! Es gibt einige Dinge, die man ohne Körper schwerlich erfahren kann, wie zum Beispiel schwimmen gehen, die Einwirkung von Sonnenenergie auf den Körper, einen Orgasmus und einen Lachkrampf. Das Leben hat schöne und angenehme Seiten und niemand von euch soll bestraft werden mit seinem/ihrem Leben!

Es ist schon richtig, dass ihr euch oftmals mit unangenehmen Dingen auseinandersetzen musstet, um daraus zu lernen und euch weiterzuentwickeln. Aber wer sich nur auf das Unangenehme im Leben konzentriert, entscheidet sich für den (oft unangenehmen) Dienst des Ausgleiches durch Negativität. Also rate ich euch das anzunehmen was ist, zu versuchen, trotzdem zu lachen und euch für angenehmere Lernprozesse zu entscheiden. Es darf für euch leichter werden – wenn ihr es wollt, euch dafür entscheidet und es zulasst.

In Liebe und mit aller Unterstützung, die ihr braucht,

ich grüße euch

und segne euch

Metatron / Metaline“

Newahjac

„Oftmals habe ich euren Planeten, die wunderschöne Erde, in meinen Inkarnationen (aber auch ohne Körper) besucht. Ich bin eine Seele, die im Vergleich zu vielen, die auf der Erde inkarnieren, „alt", „erfahrener" oder „weiser" ist. Ich konnte viele Erfahrungen sammeln über das Leben auf eurem Planeten. Die Natur sowie die Naturphänomene auf der Erde, die natürlichen Prozesse und Abläufe haben mich fasziniert. Ich wollte viel darüber lernen und viel davon erleben. Ich habe Erfahrungen gesammelt, unter anderem auch wie es ist, durch jedes Element zu leben und auch zu sterben. Meine Inkarnationen auf der Erde beschränkten sich nicht auf ein bestimmtes Gebiet, aber es gab einige Inkarnationen als nordamerikanischer Indianer und als Indianerin, die ich sehr genossen habe, in welchen ich Erfahrungen des Ausgleichs, der Gleichberechtigung und der Ergänzung zwischen Mensch und Natur machen durfte. Dies ist etwas, das mich „im positiven Sinne" geprägt hat. Ich habe aus diesem Grund meinen damaligen Namen Newahjac gewählt, um jetzt mit euch zu kommunizieren.

Ich könnte wohl stundenlang davon schwärmen, wie richtig und gut es sich anfühlt, wenn sich ein Mensch als Teil der Natur, als Teil der Erde, als Bewohner auf Zeit fühlt. So ist er verbunden mit allem, was ist, und viele „Probleme" tauchen gar nicht erst auf. Viel Potenzial für Verständnis, Einklang, Harmonie liegt in diesen kraftvollen Erfahrungen, und viel Transformationskraft bergen sie für euch und eure Seelen, um euren gemeinsamen Weg wiederzufinden. In Computern und Shopping Malls könnt ihr lange danach suchen. Finden werdet ihr nichts oder nicht viel, vielleicht einen billigen Abklatsch von dem, was möglich wäre.

Aber es erfordert Mut, Vertrauen in die Weisheit der Natur

von Mutter Erde und ihren Helfern und Helferinnen und den Wunsch zu finden und aufzuwecken, was in dir schläft, tief verborgen, und doch da ist, unleugbar da ist.

Versteht mich bitte nicht falsch. Ich rate euch nicht, ein Abenteuer-Dschungelcamp zu besuchen oder euch wie Rambo eine Schneise durch die Wildnis zu schlagen, um zu beweisen, dass ihr fernab der Zivilisation überleben könnt (obwohl das für manche von euch der Weg sein wird). Ich empfehle euch stattdessen, euch auf mystische Erfahrungen in der Natur einzulassen, die sich euch bieten. Es kann eine innere, eine spirituelle Reise sein, der Schamanismus zum Beispiel bietet euch dazu Möglichkeiten an. Oder ihr sucht den Weg über die Naturgeister und Elementarwesen oder ihr beschäftigt euch mit eurer Seele in Verbindung mit der Natur oder, oder, oder.

Jeder Mensch kann seinen oder ihren Weg finden. Doch, ehrlich gesagt, scheitert es momentan in den meisten Fällen daran, dass der Wille zum Suchen und der Mut sowie das Vertrauen in die weise göttliche Fügung und Führung fehlt.

Ich bin der Hüter des rosa-grünen Farbstrahls und meine Aufgabe liegt darin, jene Dienstseelen vorzubereiten und zu unterstützen bzw. „auszustatten", die sich für einen Dienst an Mutter Erde und der Natur entschieden haben. Ich bin Berater, Trostpflaster, Hoffnungsschimmer in den Herzen meiner Schützlinge. Ich koordiniere einiges und gebe Informationen weiter. Ich halte die Schwingungen des rosa-grünen Farbstrahls immer konstant auf dem Level, wie es optimal dem Wohle aller und der Evolution dient, und stelle sie zur Verfügung zum Wohle aller.

Pythagoras

„Ich bin (war) Pythagoras.

Ich grüße euch.

In diesen „wilden Zeiten“, wo eure alten Ordnungen zerbrechen und die göttliche Ordnung sich mehr und mehr installiert und etabliert stehe ich euch – gemeinsam mit allen Hütern und Hüterinnen – bei.

Pythagoras war eine meiner Inkarnationen und wer etwas über ihn wissen möchte, möge ein Geschichtsbuch suchen. Es ist nicht wichtig für euch, etwas über ihn zu wissen. Viel wichtiger ist, euer Leben so zu gestalten und – soweit möglich – zu lenken, damit ihr euren Potenzialen gemäß leben könnt.

Versteht doch, dass alles andere euch unglücklich macht und Vergeudung ist. Früher war die Erde ein sehr vielseitiger Planet, auf dem eine Seele manchmal sogar „auf gut Glück“ inkarniert ist, um irgendwelche Erfahrungen zu sammeln – und es war der Seele „egal“, wie sich das Leben der Inkarnation gestalten würde, denn sie wusste, durch die Vermehrung der Erfahrungen alleine würde sie wachsen und reifen. Doch heute hat sich das geändert und die allermeisten Menschen – und mit Sicherheit alle, die dieses Buch und diese Zeilen lesen – haben einen „Seelenplan“, eine Aufgabe oder ein Betätigungsfeld, von ihrer Seele vorgegeben. Dafür seid ihr ausgestattet mit euren Potenzialen und teilweise sogar mit euren persönlichen Vorlieben. (Es wäre ja blöd, wenn ein Mensch Pianist werden sollte, aber sein ganzes Leben zwischen Fastfood Restaurants und PC-Spielen verbringt ... – um nur ein anschauliches Beispiel zu nennen.) Also, tut euch alle den Gefallen (ihr erleichtert auch uns hier in der geistigen Welt ungemein die Arbeit) und seid, wer ihr seid! Lebt euer Leben gemäß euren Potenzialen, so werdet ihr viel Befriedigung finden und als Rad im Gefüge des Lebens mithelfen, dass alles funktioniert und dass sich die göttliche Ordnung leichter und schneller etablieren kann. Viel Unheil ist geschehen, weil die Menschen dazu neigen, sich von Modemagazinen und Nachrichtensendungen vorgaukeln zu lassen, was real, wichtig oder gar richtig ist.

Wer hat ein Herz von euch und wer ein Gehirn und eine Seele? Alle? Sehr schön. Dann sind ja alle von euch in der glücklichen Lage, selbst zu entscheiden, was für euch richtig ist in dieser Situation, was für euch wichtig ist, wovon ihr überzeugt seid und was euer Ziel ist!

Unterliegt bitte nicht dem Irrglauben, dass ihr herausfinden könnt, wer ihr seid und was eure Seele will, indem ihr euch vom Fernsehen ablenken lasst! Im Fernsehen findet ihr ausschließlich das, was ihr nicht seid.

Ich weiß, manche von euch fragen sich jetzt: Aber wenn in Wirklichkeit alle Seelen zusammengehören und eigentlich alle EINS sind, wie funktioniert die obige „Theorie"?

Ihr redet dann von einer anderen Ebene, die zwar wahr ist, aber das zu wissen, nützt euch Menschen wenig bis nichts, denn ihr besitzt nicht die Ewigkeit. Euer Aufenthalt und somit eure Chancen sind begrenzt, deswegen nutzt sie! Und wenn ihr Mensch seid, seid ihr wegen der Begrenztheit eurer Körper nicht gleichzeitig auch alle anderen Menschen ... Gott, muss ich das wirklich erklären? ☺ Mehr habe ich euch nicht zu sagen. Aber ihr braucht jetzt auch nichts anderes. Dies ist das, was euer Leben erfolgreich und schön werden lässt. Genießt es, es ist kurz genug.

Ich segne euch mit Liebe, Mut und Kraft.
Alles Gute,
Pythagoras"

„Ich danke dir, Pythagoras."

„Gern geschehen, Tochter. Sei gesegnet."

Zophyarah

„Ich bin da, in Verbindung mit Laurita. Sonst wäre es für dein Baby unpassend, dass du jetzt dieses Channeling machst.

(Anm.: Ich war zu dem Zeitpunkt schwanger.)

Was möchtest du gerne wissen?"

„Warum hast du diesen Namen gewählt, um dich mir vorzustellen?"

„Erstens entspricht er meinen Schwingungen in diesem Dienst und zweitens ist es ein Name, mit dessen Klang ihr auf der Erde etwas anfangen könnt.

Eine frühere Inkarnation von mir bzw. meiner Seele hatte einen ähnlichen Namen, Sophia. Sophia war ein griechisches Mädchen, eine junge Gottesdienerin, die nie Priesterin wurde, weil sie ihre Aufgabe im Dienen erkannte.

Zu jener Zeit war es üblich, verschiedene Götter und Göttinnen zu verehren, anzubeten und ihnen zu opfern. Sophia tat dies, jedoch nicht in Verbindung mit irgendeiner Institution, einem Tempel oder „Orden", sondern für sie war es die natürlichste Sache der Welt. Sie war angesehen, wurde jedoch auch kritisiert von Menschen, die sich an eine Institution, einen Tempel gebunden hatten. In den Tempeln wurde meist nur einer Gottheit gehuldigt, Sophia ehrte sie alle gleich."

„Ich habe eine Frage, vielleicht kannst du sie mir beantworten. Ich habe in meinem Ethnologiestudium von vielen unterschiedlichen Völkern und Menschengruppen gelernt, die viele unterschiedliche Gottheiten und Glaubenssätze haben.

Ich habe das Gefühl, dass manche dieselben meinen, doch unterschiedliche Namen für sie haben. Stimmt das?"

„Ja, eindeutig. Jedoch ist der Begriff Gottheit ein sehr unpassender dafür. Meist geht es um die Hüter: die Hüter der Himmelsrichtungen, des Totenreiches (der Totenreiche), der Naturerscheinungen, die Hüter der Wälder, der Seen, des Meeres (der Meere), der Elemente etc.

All dies sind keine Götter, sondern einfach Seelen, die weit genug entwickelt sind, und also auch genug Erfahrungen gesammelt haben, um den Dienst als HüterIn eines Teilbereiches im Universum oder auf der Erde ausführen zu können.

Die Pantheons der verschiedenen Kulturen, egal, ob griechisch, römisch, afrikanisch oder andere, sind nicht voll von Göttern und Göttinnen, sondern es handelt meist um Hüterwesen. Manchmal jedoch gibt es auch Seelen, die vorgeben, Gott oder Göttin für einen bestimmten Teilbereich zu sein, die jedoch einfach nur nach Aufmerksamkeit, Energie und der Möglichkeit, euch Menschen zu manipulieren, streben. Diese Seelen und Wesenheiten haben keinen anderen Dienst als diejenigen von euch, die sich auf sie einlassen und ihnen dienen, auf Umwegen zu zeigen, was es bedeutet, frei(willig) zu sein. Sie führen diese in Bereiche, wo sie Erfahrungen sammeln können, so lange, bis sie sich besinnen und entscheiden, ihren eigenen Seelenweg zu gehen, ihren freien Willen bewusst anzunehmen und einzusetzen und, falls sie Dienstseelen sind, ihren wahren Dienst anzutreten, ihre wirklichen Aufgaben mit Hilfe der auf „Umwegen" gesammelten Erfahrungen zu erfüllen.

Gesegnet sind jene, welche erkennen und lernen, ohne den gesamten Umweg gehen zu müssen. Du bist gesegnet. Nun möchte ich noch ein, zwei Worte zu den „christlichen Göttern" sagen und generell dazu auch den Islam, Buddhismus sowie alle Untergruppierungen und Varianten dieser „Weltreligionen" ansprechen.

Grundsätzlich gibt es ein Schöpferwesen für die Erde und

dieses Universum. Doch es ist kein Wesen, das den Menschen in Aussehen, Denkweise und Verhaltensweisen ähnelt. Dieses Schöpferwesen ist nie auf der Erde inkarniert in Form einer Person. Es gab wohl verschiedene hoch entwickelte Seelen, die stärkere oder bewusstere Verbindung mit diesem Schöpferwesen sowie seinen „Angestellten", den Hütern und Hüterinnen, hatten. Doch es war immer schon schwierig, Informationen, Wissen, Weisheit im Bewusstsein der Völker der Erde so zu verankern, dass sie den Menschen zu ihrem höchsten Wohle dienten. Einerseits sind eure Sprachen teilweise recht dürftig, um alles erklären zu können, was an Erklärung weitergegeben werden müsste, um wirkliches Verständnis zu bewirken. Andererseits sind die meisten Sprachen unzureichend, um diese Informationen richtig zu übersetzen, sowohl von einer Sprache in die andere als auch von der Seelenebene in die „materielle" sprachlich-zwischenmenschliche Kommunikationsebene. Drittens haben wir noch Probleme damit, dass sehr wenige Botschaften präzise empfangen und weitergegeben werden. Ein Empfängermedium lebt nicht außerhalb einer Sozialisierung, nicht außerhalb von Werten und Glaubenssystemen, nicht außerhalb von persönlichen Meinungen und Erfahrungen. Also wird fast jede Botschaft bereits leicht eingefärbt wahrgenommen, damit das Verständnis des Empfängermediums gewährleistet wird. Und das ist nur der erste Teil des Weges. Dann kommt noch der Drang der meisten Menschen nach Vereinfachungen und Abkürzungen dazu, die der Botschaft noch ein bisschen ursprüngliche Wahrheit rauben kann. Und bei der Weitergabe von empfangenen Informationen kann es wieder zu Verzerrungen und Aussparungen kommen, weil viele Menschen es vorziehen (und so werden auch viele von euch erzogen), eine Sache einfach und nur aus einer bestimmten Perspektive zu betrachten ohne die Zusammenhänge und Wechselwirkungen mit anderen Bereichen des Lebens in Betracht zu ziehen und vor Publikum zu erwähnen. Dann wiederum werden einige Informationen betont und andere weggelassen, abhängig von dem Publikum, dem man eine Botschaft präsentiert (was eine Anmaßung ist). Zu guter Letzt liegt es nicht nur an all diesen Sachen (inklusive dem Ego, der Intelligenz des Mediums und der Bereitschaft, Informationen vollständig weiterzugeben oder einzugestehen, dass man nicht alle Fragen beantworten kann) sondern auch am Publikum. Wenn ein Mensch für eine Botschaft bereit ist, wird er sie verstehen und zwar in genau den Worten, die die geistige Welt gewählt hat!

Es gibt also viele Möglichkeiten, dass aus ursprünglicher Wahrheit in einer übermittelten Botschaft schlussendlich etwas anderes wird, bis zum ersten Zuhörer, der die Botschaft in zwischenmenschlicher Kommunikation empfängt. Und nun rechne noch die sozialen Prägungen, die Sprachgewohnheiten, die Wertesysteme und die Aufnahmekapazität dazu, 1000 Jahre und 1000fache Weitergabe, dann verstehst du, wie aus Hütern und Dienern des Schöpferwesens, der Quelle, langsam Götter und Göttinnen, Dämonen, Teufel, Engel usw. wurden, die außerdem immer mehr vermenschlicht wurden."

„Zophyarah, ich bedanke mich für diese Erklärung. Ich bitte dich, erzähle etwas über dich. Wie bist du und wer bist du?"

„Ich bin mit Gabriela zusammen die Hüterin des rot-weißen Farbstrahls. Dies ist meine jetzige Seelenaufgabe. Ich bin dienende Seele des Schöpferwesens, der Quelle, des universellen Energiepools, aus dem alles in diesem Universum entstand und in die alles nach seiner Weiterentwicklung zum Höchsten wieder zurückkehren wird, um neu erschaffen und auf eine neue Reise geschickt zu werden.

Ich habe viele Inkarnationen auf verschiedenen Planeten erlebt und konnte vielfältige Erfahrungen sammeln. Mit Hilfe der Erfahrungen und der Weisheit des göttlichen Plans für dieses Universum stehe ich zur Verfügung, um die Strahlenkinder des rotweißen Farbstrahls zu segnen, zu begleiten und ihnen auf ihrem Wege zur Seite zu stehen als Beraterin, Führungsgeist und Unterstützerin. Dafür brauche ich keinen begrenzenden dreidimensionalen Körper, so wie ihr Menschen ihn auf der Erde habt, sondern ich muss grenzenlos sein, um dieser Aufgabe gerecht zu werden. Ich bin keine „Kindergartentante", die nur zwei Augen, zwei Ohren, zwei Hände, zwei Beine und einen Mund hat. Ich unterstütze tausende Kinder, übrigens auch Erwachsene, und muss gleichzeitig an mehreren Orten wirken können. Das ist ausgeschlossen in einem menschlichen Körper. Dafür muss meine Seele frei von Körperlichkeit sein, um nicht an Ort und Zeit gebunden agieren zu können.

Ich diene dem höchsten Wohl und der Weiterentwicklung meiner „Schützlinge", der Menschheit und der Einheit Erde, damit sind der Planet und alle nichtmenschlichen Wesen auf ihm gemeint. Ich unterstütze durch die Schwingung, die ich halte, weiterleite und zur Verfügung stelle, durch die Führung und Unterstützung, die ich den Strahlenkindern zuteil werden lasse, durch den Trost, die Antworten und Ratschläge, die ich mit ihnen (euch) teile. Ich unterstütze indem ich mithelfe, die Weisheit des Universums materiell nutzbar zu machen. Dafür steht die Farbkombination Rot-Weiß."

„Zophyarah, ich danke dir von Herzen für all die Botschaften und Antworten und auch für deinen Dienst. Ich segne dich."

„Ich segne dich auch, mein Kind. Bleib tapfer und stark auf deinem Weg. Bis bald, Zophyarah."

Uriel

„Wir sind da und grüßen dich.

Wir, Uriel, segnen dich und lieben dich.

Wir haben Botschaften, die wir mitteilen wollen zum höchsten Wohle aller.

Wir segnen euch alle, denn ihr öffnet eure Herzen und euren Geist für die Informationen der neuen, höheren Schwingung, indem ihr dieses Buch lest. Ihr seid somit Teil der Schwingungserhöhung, weil der Same der neuen Zeit in euer Sein, in euer Bewusstsein eingepflanzt wird.

Ihr braucht davor keine Angst zu haben, es ist für euch und für uns ein Privileg. Es freut uns, mit euch zusammenzuarbeiten auf dieser bewussten Ebene. Wir danken euch dafür, denn ihr erleichtert auch uns das Arbeiten, es ist also nicht ausschließlich zu eurem persönlichen Vorteil, eure Schwingungen zu erhöhen.

Wir sind Uriel, ErzengelIn und darüber hinaus Hüterwesen des perlmuttweiß-irisierenden Farbstrahls. Dieser wurde eingerichtet, um Regenbogenkinder „unbeschadet" heranreifen zu lassen. Die Verletzungen, die ihnen auf der Egoebene zugefügt werden, verhindern nicht später das Ausleben ihrer Regenbogenpotenziale, weil diese davon überhaupt nicht betroffen werden.

Die ältesten Strahlenkinder, die mit diesem Strahl inkarniert sind, sind bereits verstorben. Wenn die Zeit und die Person nicht heranreifen, sodass optimale Bedingungen für die Entfaltung da sind, entfaltet sich „die Blüte" auch nicht. Die Regenbogenenergien bleiben somit „ungenutzt", außer der energetischen Wirkung auf das morphogenetische Feld der Menschheit. Darin ist die Regenbogenenergie natürlich schon wirksam und „nachweisbar".

Was der Sinn dieses Schutzmantels ist, wurde bereits ausführlich in dem anderen Channeling über den Farbstrahl erklärt. Ich werde es hier weder wiederholen, noch gibt es jetzt etwas zu ergänzen.

Doch es gibt etwas, worüber ich noch Mitteilungen habe, um Klarheit zu schaffen. Es betrifft die ErzengelInnen und deren „Farbzuordnung“, wie sie bis jetzt überliefert wurde. Abgesehen davon, dass die Meinungen darüber teilweise auseinandergehen, und abgesehen auch davon, dass es unterschiedliche Schreibweisen und Auffassungen über sie gibt, gibt es auch unterschiedliche „Mythen“ und Erzählungen, die sich um sie ranken.

Ich spreche jetzt im Namen aller, wenn ich euch sage: Ihr dürft von uns glauben, was ihr wollt und was euch hilft, euch gut, sicher, geschützt und geliebt zu fühlen und euch weiterzuentwickeln. Deswegen ist es sinnlos, darüber zu streiten, ob zum Beispiel Grün oder Rosa die Farbe von ErzengelIn RaphaelA ist, oder wer jetzt der „richtige“ Engel der Vergebung ist ...

Solche Definitionen und Streitigkeiten amüsieren uns, weil sie auf Unverständnis, auf menschlichen Kategorisierungsversuchen und auf Ego-Machtkämpfen basieren. Es ist nicht notwendig, solche Dinge auszustreiten.

Und wenn jemand glaubt, Metatrons/Metalines Energie sei gelb, und ein anderer glaubt sie sei blau, so freut euch doch, dass ihr verschiedene Aspekte eines Wesens der geistigen Welt entdeckt habt, anstatt darüber zu streiten, wer „Recht“ hat ... ☺ Ich weiß, viele von euch erwarten jetzt das, was ihr bereits kennt: nämlich eine neue, alleingültige und richtige Aufzählung der ErzengelInnenenergien mit ihren Farbzuordnungen.

Doch genau dies ist meine Provokation – oder Chance, die ich euch anbiete: Seid gelassen und lasst die Lehrer predigen. Lasst sie euch die Aspekte beibringen, die sie erkannt haben, und nehmt dieses Wissen dann an oder auch nicht. Dies ist eine Übung, um aus der Wertung zu gehen, um nicht zu urteilen, sondern zu erkennen, was (möglich) ist.

Wir ErzengelInnen sind keine körperlichen Personen. Uns anhand von Zuordnungen und Zeichnungen oder Symbolen „dingfest machen“ zu wollen entspricht einem Kind, das sich Gott als alten Mann mit weißem Bart vorstellt, wie er vor der Erdkugel sitzt und nachdenkt. Es ist zutiefst menschlich, aber wir sind keine Menschen und lassen uns nicht vermenschlichen.

Ihr könnt uns um Hilfe bitten, und wir werden da sein, sofern es euer Seelenplan und die göttliche Ordnung zulassen, um euch zu unterstützen. Aber ihr sollt nicht glauben, dass meine Energien perlmuttweiß-irisierend sind oder die von Metatron/Metaline schwarz-perlmuttweiß oder die von RaphaelA grün usw. Wenn ihr uns so wahrnehmt, hat dies etwas mit euch oder eurem „Vorwissen" zu tun, und nicht mit uns. Aber ihr dürft euch uns so vorstellen, wir haben nichts dagegen. Die Hauptsache ist doch, dass es funktioniert, dass ihr das Gefühl habt, gut aufgehoben zu sein, und dass ihr euch von uns helfen lasst. Genauso sinnvoll ist ein Engel-Kartenset oder Ähnliches. Was zählt, ist nicht der Name eines Engels, der darauf steht, sondern die Qualität und Energie, die ihr in euer System und Bewusstsein hereinnehmt durch diese Karten. Um es noch deutlicher zu sagen: Es könnte genauso gut ErzengelIn MichaelA den Dienst als HüterIn eines Farbstrahls übernehmen, wenn es nötig wäre und im Einklang mit MichaelAs Seelenplan. Es gibt sogar Menschen, die glauben, dass die ErzengelInnen die Hüter von Farbenergien sind. Nun, solange es ihnen hilft, das zu glauben, ist es okay für uns ...

Wir segnen euch und verabschieden uns,
Uriel."

„Danke sehr."

Strength

„Ich bin Strength.

Regenbogentochter, ich grüße dich. Ich habe für dich und für das Buch Botschaften, die ich übermitteln werde. Als erstes möchte ich darauf aufmerksam machen, dass ich während des gesamten Channelings (sowohl für dich, während du es empfängst und niederschreibst, als auch für jede Person, die es liest und freiwillig beschließt, sich auf diesen Prozess einzulassen) ein Heilungsprogramm „im Hintergrund“ ablaufen lasse.

Ich verfüge über sehr viel Heilwissen und Erfahrung im Bezug auf atlantische Heilverfahren, Anwendungen, Kristallheilungen und –programmierungen und habe Zugang zu der gesamten Datenbank des atlantischen Heilwissens. Ich bin als körperloses Wesen fähig, vielen verschiedenen Aufgaben gleichzeitig nachzukommen, da ich zu einem multidimensionalen Seelenwesen herangereift bin. So kann ich mühelos für 50 völlig unterschiedliche Menschen, die gleichzeitig dieses Buch, diese Zeilen lesen, ein Heilverfahren einleiten und überwachen, obwohl ihre Bedürfnisse verschieden sein mögen. Dies ist einer der Vorteile der Körperlosigkeit. Ich bin also aufgrund meiner Position und meines Zugangs zu Heilwissen lediglich beschränkt durch die universellen Gesetze und Grundregeln. Dies ist für mich wie ein Geschenk, denn mein Seelenauftrag lautet: Dienst am Menschen, Dienst an der Menschheit, Dienst am System Erde und Unterstützung zur Weiterentwicklung zum höchsten Wohle aller.

Wie dir bereits am Anfang aufgefallen ist, ist meine Energie „magnetisch“. Dies kommt von der vielen Kristallarbeit. Man kann mit Kristallen Magnetismus erzeugen. Die Atlanter wussten von dieser Möglichkeit, haben sie ausprobiert, genutzt und auch „missbraucht“. Deswegen war dieses Wissen so lange unter Verschluss.

Die türkis-weißen Strahlenkinder sind seit dem „Untergang“ von Atlantis die einzige Gruppe von Menschen, die wieder in ihren Geburtspotenzialen dieses Urwissen über Kristallarbeit in sich tragen. Es gab und gibt immer wieder auch Einzelpersonen, die sich dies erarbeiten oder sich dafür qualifizieren, doch die türkis-weißen Strahlenkinder sind eine Gruppe von Menschen mit Zugang zu diesen Ebenen.

Wenn zwei oder mehr dieser Strahlenkinder sich treffen, ihre Ursprungsenergien aktiv sind und sie bewusst energetisch zusammenarbeiten, so entstehen sehr starke Kraftfelder, die magnetisch wirken können. So ist es beispielsweise möglich, dass eure Elektrogeräte „verrückt spielen", eure Haustiere, Pflanzen und auch Menschen können ebenfalls sehr stark darauf reagieren. Kristalle verstärken diese Energien noch zusätzlich. Dies kann vor allem am Anfang sehr ermüdend für alle Beteiligten sein.

Die türkis-weißen Strahlenkinder spüren das intuitiv, aber der Vollständigkeit halber möchte ich es hier bestätigen: Falls ihr zusammen arbeitet oder mit Kristallen arbeitet, wird für 95% der Menschen die daraus entstehende Energie zu stark sein, als dass ihr bei ihnen damit Heilung bewirken könnt. Deswegen rate ich allen: Geht behutsam mit euren Potenzialen und Energien um. Wenn ihr euch nicht sicher seid, lasst es bleiben. Sollte es notwendig werden, diese Energien anzuwenden, wird euch das Leben in Situationen bringen, wo dies erforderlich ist.

Allen anderen Personen, die mit türkis-weißen Strahlenkindern zu tun haben, möchte ich einen Tipp zum besseren Verständnis geben: Ruft in ihnen nicht bewusst die „Drachenenergien" wach, um sie zu testen. Dies tun wir aus der geistigen Welt, und für uns ist es auch nicht so gefährlich. Macht sie nicht wütend, um sie zu provozieren, lasst sie in Frieden sein.

Es ist immer eine Herausforderung, mit so starken Potenzialen zu inkarnieren, und dann langsam zu lernen, mit ihnen umzugehen und bewusst zu arbeiten. Ständige Verletzungen auf der Egoebene können dazu führen, dass es sehr schwer ist, die eigene Macht unter Kontrolle zu halten. Mit diesen Energien kann nicht nur Heilung geschehen, es kann auch Schaden bewirkt werden. Das zeigt zu deutlich der Zerfall von Atlantis.

Dies bedeutet weder, dass ihr die türkis-weißen Strahlenkinder wie rohe Eier oder bevorzugt behandeln sollt, noch sollt ihr in Angst vor ihnen leben. Sie wurden neben dem atlantischen Wissen mit göttlichem Licht gesegnet und ausgestattet, damit sie weise mit ihren Energien und Mächten umgehen können. Sie sind keine Bedrohung, sie sind dazu da, euch zu helfen, indem sie Heilung in euch und eure Systeme bringen.

Es bedeutet nur, sie nicht sinnlos zu ärgern und zu verletzen, um sie beispielsweise aus der Reserve zu locken. Das Karma, das durch ein solches Verhalten geschaffen wird, ist größer und wiegt schwerer als das Karma, das für einen meiner Schützlinge entstünde, wenn er sich wehrte. Wie auch immer, ihr alle habt eure Lektionen zu lernen, und ihr werdet eure eigenen Entscheidungen treffen."

„Strength, möchtest du noch etwas über dich erzählen?"

„Ich war einige Male in Atlantis inkarniert, ein paar Mal auch als HohepriesterIn, und seit dem Zerfall bin ich nicht mehr inkarniert. Ich wache über das atlantische Heilwissen bis die Zeit wieder reif ist, es wieder allen Menschen zur Verfügung zu stellen.

Schön langsam kommt ihr diesem Zeitpunkt näher, und meine Boten, meine Sprachrohre sind vor allem die türkis-weißen Strahlenkinder. Ich segne jedes einzelne für seinen Dienst. Weiter möchte ich jetzt nichts sagen. Es ist auch nicht wichtig, dass ihr jetzt mehr über mich wisst. Die Zeit dafür wird kommen.

Nun beende ich den Heilprozess und hoffe, dass ihr auch in den nächsten Tagen bewusst die Veränderungen spüren und wahrnehmen werdet, die jetzt auf energetischer Ebene angeregt wurden.

Ich segne euch und bin euch zu Diensten.

In Liebe,

Strength."

„Ich danke dir."

Ivanor – der Regenbogenstrahl

„Ich bin, wir sind Ivanor. Seid gegrüßt, Töchter und Söhne des Regenbogen-Energie-Strahls.

Ich spreche zu euch als euer Lehrer und wohlwollender Anführer im positiven Sinne.

Eine große Aufgabe wird uns allen zuteil, euch und mir, uns. Liebe und Verständnis, Erkenntnis und die Nutzung des freien Willens, dies sind die Eckpfeiler, auf denen das Fundament der neuen Zeit aufgebaut wird. Um diese unter den Menschen zu verbreiten seid ihr da. Ich bin euer Anführer und Diener. Ich wache über den Regenbogenstrahl, um zu gewährleisten, dass ihr mit all den Energien und Potenzialen auf eure Lebensreise geschickt werdet, die ihr braucht, um euren Dienst optimal ausführen zu können.

Die Zusammensetzung mag teilweise etwas variieren, es gibt Regenbogen-Strahlenkinder, die alle Farben und somit Schwingungen in ihrem Geburtsstrahl haben, und bei manchen sind gewisse Frequenzen verstärkt und betonen eure Arbeitsbereiche somit deutlicher. Bei manchen „fehlt" eine Farbe, da ihr sie nicht brauchen werdet. Sie fehlt nicht wirklich, sie ist nur nicht aktiviert. Dies ist keine Benachteiligung und es ist nichts falsch oder in Unordnung mit jenen, für die es so ist. Es geht weder um eine Bewertung noch um Hierarchien oder um Gedankengänge wie „jemand ist nicht würdig" oder „jemand kann es nicht tragen". Versteht mich bitte richtig, alle Regenbogenkinder haben alle Frequenzen in ihrem Geburtsstrahl, doch nicht bei allen sind alle Frequenzen gleich aktiv oder gleich „stark" – bei manchen herrscht sogar eine Frequenz vor. Dies hängt mit euren jeweiligen Aufgaben, Diensten und Entwicklungsgraden zusammen.

Lasst uns ein Beispiel durchdenken: Wenn bei jemandem orange vorherrscht, so wird er sich in einer Lebenssituation befinden, in der orange ihm am besten dient, und seine Lebensthemen werden sich in dem Bereich abspielen, die dem orangefarbenen Strahl zugeordnet sind. Die Person hat alle anderen Frequenzen auch in ihrem Geburtsstrahl, doch es ist noch nicht an der Zeit, dass alle so stark ausgeprägt wirken wie der orangefarbene Strahl. Wenn alles gelernt wurde, was die Person da zu lernen hatte, wird die Intensität des orangefarbenen Strahls etwas zurückgehen und ein anderes Aufgaben- und Interessensgebiet wird sich auftun.

So entwickeln sich die meisten Regenbogen-Strahlenkinder.

Für viele von euch ist es momentan nicht anders möglich, da es noch sehr viel zu tun gibt bis das Fundament der neuen Zeit fertig ist. Und wärt ihr alle euch in jeder Sekunde eures Seins bewusst darüber, was alles noch zu tun ist, würde so mancheR von euch verzweifeln und vielleicht gar nicht erst beginnen, seinen oder ihren Weg zu gehen. Es bedarf einer starken, gefestigten Persönlichkeit und sehr viel Bewusstheit, um in der Lage zu sein, als Mensch alle Strahlen voll entwickelt und aktiv in sich zu tragen. Es ist ein besonders intensives Lebensgefühl und es erfordert momentan (leider) auch noch Mut, denn es unterscheidet euch deutlich von anderen Menschen. Es macht euch weder besser noch schlechter, aber es ermöglicht euch, sehr intensiv zu leben, wahrzunehmen und zu gestalten.

Nicht alle von euch werden in dieser Inkarnation alle Strahlen voll aktivieren können und es ist auch nicht für alle notwendig. Die Entwicklung geht Schritt für Schritt und zu schnelles Wachstum auf der einen Seite löst in einem Universum der Polaritäten das Gegenteil auf der anderen Seite aus. Dies könnt ihr anhand vieler Beispiele beobachten, doch da ich weiß, wer dieses Buch eher liest, möchte ich euch eine Botschaft mitgeben:

Wenn sich gleichgesinnte Menschen treffen, um gemeinsam

die Schwingungen zu erhöhen, ist das nicht immer zum höchsten Wohle aller. Es geht darum, dass alle Menschen gemeinsam wachsen. Es ist in Ordnung, dass Menschen, die einen guten Zugang zu höheren Schwingungen haben, diese nutzen zum höchsten Wohle aller: Zum Beispiel, indem sie Menschen, die noch nicht so hoch schwingen, helfen sich weiterzuentwickeln, alte unpassend gewordene Programme und Ängste loszulassen und somit sich ihrerseits zu öffnen für leichtere, liebevollere Schwingungen und Gedanken.

Bevor ihr also im Kreise Gleichgesinnter beginnt „die Schwingungen zu erhöhen", so fragt euch, ob es zum höchsten Wohle aller beiträgt. Vielleicht wollt ihr jemanden, dem es gerade nicht so gut geht, in die Mitte eures Kreises legen, damit Heilung zum höchsten Wohl für diese Person geschieht... Lasst euch von eurer Intuition leiten, dann werdet ihr es gut machen.

So, wir waren beim Thema, dass nicht alle Regenbogen-Strahlenkinder alle Frequenzen aktiviert haben. Wie gesagt, es erfordert eine gewisse Erdung und Bewusstheit und manchmal sogar das bewusste Einverständnis, um alle Strahlen zu aktivieren. Dies ist für manche Menschen auf der seelischen Ebene zwar optimal aber auf der persönlichen Ebene mit all den Gefühlen und euren Egos teilweise sehr fordernd.

Manche Regenbogenkinder sind total hin- und hergerissen und wissen nicht, wo sie als erstes anpacken sollen, damit Heilung geschieht und die Frequenzen erhöht werden. Dieser Zustand des „Hin- und Hergerissenseins ist sehr anstrengend, da es Einschränkung erfordert. An Einschränkung sind so bewusste und mit ihren Seelen kommunizierende (oder zumindest sehr stark verbundene) Individuen nicht gewöhnt, denn der Seele sind keine Grenzen gesetzt. Diese Kinder (oder Erwachsenen) müssen sich entweder für ein Gebiet entscheiden, an dem sie arbeiten, oder sie arbeiten an vielen Ecken und Enden, was auch nicht problemlos ist. Die geistige Welt, die Hüter und Hüterinnen der Strahlen sind weder boshaft noch dumm noch verurteilend. Wir legen euch keine Hindernisse in den Weg.

Meine Aufgabe als Hüter des Regenbogenstrahls ist also, dafür zu sorgen, dass alle Regenbogenmenschen zu den jeweils auf sie, ihr Leben, ihren persönlichen Entwicklungsstand, ihre Lebenssituation und ihre Bedürfnisse abgestimmte Energien Zugang haben, sodass ihr weder überfordert werdet noch zu wenig Zugang habt. Dies ist eine anspruchsvolle Aufgabe. Die Hüter der anderen Strahlen (der Basisstrahlen) unterstützen mich und euch. Soviel zu meiner Aufgabe.

Es hat sich zugetragen, dass einzelne Menschen besondere Fähigkeiten haben – entweder von Geburt an voll ausgeprägt oder später im Laufe des Lebens sich entwickelnd. Diese einzelnen Menschen helfen der Evolution durch ihr bloßes Dasein. Doch in dieser besonderen Zeit, da die Evolution beschleunigt und intensiviert wird, braucht es die Vernetzung und Verbindung zwischen den Einzelindividuen, sodass sie gemeinsam dem Rest der Menschheit helfen können. Denn das Ziel ist nicht, dass nur „Lichtarbeiter" den Sprung auf die nächste Ebene schaffen, sondern dass alle, die bereit sind für ihre Weiterentwicklung, gemeinsam der licht- und liebevollen Ära „entgegenwachsen". Dafür braucht es manchmal gegenseitige Hilfe. Doch solange die „Lichtarbeiter" sich abschotten (entweder alleine oder im Kreise Gleichgesinnter) erschaffen sie damit eine Zweiklassengesellschaft, Trennung und Ungleichgewicht. Dies behindert das gemeinsame Wachstum, denn Trennung, Verurteilung und Verweigerung von Hilfe oder Zugang zu Wissen, obwohl dies erbeten wird und notwendig ist – dies schließt freies Fließen von Liebe aus. Ihr könnt nicht bedingungslose Liebe predigen und sie trotzdem nur für Eingeweihte oder Gleichgesinnte empfinden; das erzeugt Widersprüchlichkeit in euch und

Ungleichgewicht in der Welt. Widersprüchlichkeit ist die Vorstufe zum Einklang, da es bedeutet, dass ihr beginnt, ehrlich zu sein mit euch selbst. Widersprüche anzuerkennen und sich einzugestehen ist wichtig, damit ihr erkennt, was euch vom Einklang trennt.

Doch nun zurück zu den Aufgaben der Strahlenkinder. Dadurch, dass die Regenbogen-Strahlenkinder allen Frequenzen der Farbstrahlen ausgesetzt wurden, sind sie mit allen Strahlenkindern sozusagen kompatibel. Sie können grundsätzlich alle Strahlenkinder verstehen, auch auf emotionaler Ebene, und können somit als Vermittler, Vernetzer, Organisatoren, als Erschaffer einer gemeinsamen Ausgangsbasis tätig sein. Sie können genauso gut in jedem Bereich der Strahlenkinder arbeiten wie diejenigen, die „nur" dieses Potenzial mitbekamen. Voraussetzung dafür ist jedoch, dass sie sich bewusst oder unbewusst darauf fokussieren. Dies fällt nicht allen Regenbogenkindern immer leicht, da sie vielfältige Möglichkeiten und Interessen haben. Oft fällt es ihnen auch schwer sich zu konzentrieren und eine Sache, die sie mit viel Enthusiasmus begonnen haben, bis zum Ende durchzuziehen. Sie lieben es, Dinge in Bewegung zu bringen, sind gerne als Initiatoren tätig, aber es ist ihnen „zu langweilig", sich auf ein Gebiet, einen Arbeitsbereich oder eine Tätigkeit zu beschränken. Deswegen werden sie vor allem in den Schulen und am Arbeitsmarkt der „westlichen Welt" verurteilt. Doch dies ist ihr Wesen und ihre grundsätzliche gemeinsame Aufgabe: Dinge ins Rollen zu bringen und wenn sie laufen, etwas Neues zu beginnen, Menschen zu vernetzen, Ideen umzusetzen. Sie sollten nicht verurteilt werden dafür, dass sie so sind wie es zum höchsten Wohle aller ist. Ihre Mitmenschen könnten genauso gut und mit fast demselben Energieaufwand dankbar sein dafür, dass jemand sie bei der Hand nehmen will, um ihnen weiterzuhelfen. Doch das gilt für alle Strahlenkinder."

„Ivanor, bitte erkläre warum wir nicht bedingungslose Liebe „predigen" und etwas anderes tun können. Wir haben ja den freien Willen...?"

„Wer bedingungslose Liebe nicht lebt, kann sie nicht predigen. Genauso könnte man sagen: Wenn einer weiß, es gibt die belgische Sprache und er spricht sie nicht, kann er über die belgische Sprache nur sagen, dass es sie gibt und dass sie in Belgien gesprochen wird.

Wenn jemand bedingungslose Liebe lebt, predigt er sie nicht unbedingt. Er lebt sie einfach, das reicht aus, um alle Menschen, die offen dafür sind, in den „Bann" der reinen Liebe zu ziehen. Es ist nicht wirklich ein Bann aber wer in Resonanz damit geht, wird magisch angezogen davon, und zwar sehr stark, da die geistige Welt und die Evolution darauf ausgerichtet sind. Im Prinzip könnte man bedingungslose Liebe fast gleichsetzen mit „Gott" ...

Wer bedingungslose Liebe nicht lebt, kann zwar predigen, aber kann nicht bedingungslose Liebe predigen. Wer nicht belgisch spricht, kann nicht belgisch predigen."

„Ivanor, ich danke dir für die Erklärung. Ich bitte dich um Informationen über dich selbst."

„Ich bin keine einzelne Seele, so wie es einige der anderen Hüter sind. Ich bin eine bewusste körperlose Wesenheit, in die hoch entwickelte Seelen eingehen, wenn sie entweder diesen Dienst mitleisten wollen oder wenn sie eingeladen werden, in Resonanz zu gehen so lange es nötig ist zum höchsten Wohle aller im Sinne der Entwicklung. Maria und Jesus zum Beispiel sind Teil meiner Schwingung, aber auch alle anderen Hüter und Hüterinnen der Strahlen sind phasenweise Teil meiner Schwingungen. Ivanor gibt sozusagen den Rahmen und die Basis der Schwingung vor und andere hochentwickelte Seelen, die bei dem Projekt ´Schwingungserhöhung und Evolution auf der Erde und in diesem Universum` mitarbeiten, können, wenn sie es wünschen oder wenn es erforderlich wird, Teil dieser Wesenheit werden. Dies mag eigenartig klingen, ist aber perfekt in der göttlichen Ordnung. Einfachheitshalber können wir als Ivanor angesprochen werden. Ivanor ist sozusagen die Seele, die den Samen für diese Möglichkeit säte.

Ivanor als Einzelseele ist eine sehr weise, erfahrene Seele, wie sonst könnte sie so eine Möglichkeit erschaffen. Ivanor hatte auch diverse Inkarnationen auf der Erde in verschiedenen Seinsformen – also nicht nur als Mensch sondern beispielsweise als Naturgeistwesen, Tier (nicht als von Menschen gezügeltes (gezüchtetes?) Nutztier), Pflanze und diverse andere.“

„Ich wusste nicht, dass eine Seele, die als Mensch inkarniert, auch als Tier oder Pflanze inkarnieren kann. Bitte erkläre das genauer.“

„Nun, es ist doch ganz einfach: Jede Seele strebt nach Vollständigkeit und Weiterentwicklung. Jede Seele wird irgendwann zum Schöpfer. Auf dem Entwicklungsweg dorthin steht es der Seele frei, Erfahrungen zu sammeln. Es gibt keine Vorschriften oder Regeln, es gibt nur das göttliche Gesetz der Evolution und die spezifischen universellen Gesetze, die je nach Universum variieren können. Es wurden vom Schöpferwesen, auch „Gott“ genannt, vielfältige Möglichkeiten erschaffen um Erfahrungen zu sammeln. Es gibt keine Regel, die besagt, dass eine Seele nicht als Tier oder Pflanze inkarnieren darf – es dient doch dem Sammeln von Erfahrungen, der Evolution.“

"Wie steht es mit Schutzengeln? Könnte jede Seele ein Schutzengel sein, wenn sie hoch genug schwingt und die bedingungslose Liebe „lebt“? Und

könnte ein Schutzengel inkarnieren und z.B. eine Familie gründen?"

„Es könnte nicht jede Seele ein Schutzengel sein.

Ein Schutzengel könnte, wenn er erfahren und stark genug ist und es erforderlich wäre, kurzzeitig inkarnieren, zum Beispiel um dich vor etwas zu bewahren oder um eine Botschaft zu überbringen. Aber kein Schutzengel gründet eine Familie.

Es gibt diese Grundunterscheidung zwischen den Seelen, die von Beginn an entschieden haben, durch Dienste und nichtphysisches Sein Erfahrungen zu machen und den Seelen, die entschieden haben, durch Inkarnationen zu lernen."

„Warum konnte meine Seele als Wassergeist Erfahrungen sammeln, wenn dies ein nichtphysischer Dienst war und ich jetzt ein Mensch bin? Warum konntest du als Naturgeistwesen und als Mensch Erfahrungen sammeln?"

„Liebe Iris, es gibt einige Ausnahmen. Wenn die Seele alles gelernt hat, was sie an physischen Erfahrungen sammeln wollte, steht es ihr frei, in den nichtphysischen Bereichen ebenfalls Erfahrungen zu sammeln. Andererseits war deine Seele in ihrem Dasein als Wassergeist an das Wasser gebunden. Das Wasser war damals das, was heute dein Körper ist."

„Das heißt, wenn ich eine Pflanze nicht genug gieße und sie geht ein, ist das Mord und erschafft mir Karma?"

„Möglicherweise. Doch in diesem Fall kannst du das Karma auflösen, indem du entweder Pflanzen säst oder dich um eine Pflanze, die „Babys" hervorbringt und um die Jungpflanzen selbst sehr gut kümmerst, sodass sie gedeihen."

„Es klingt vielleicht komisch, aber Rasenmähen und Baumschneiden ist ja

dann Verstümmelung, oder?"

„Gewissermaßen ja. Doch eine Seele sucht sich die Pflanze aus, in die sie inkarniert. Eine Seele, die die Erfahrung machen möchte, frei zu wachsen und dem Lebenszyklus der Pflanzenart gemäß zu leben und ihn auch zu beenden, wird kaum wählen, ein Grashalm in einem angelegten englischen Garten zu sein. Was generell gut ist, ist den Pflanzen zu erzählen was ihr vorhabt, bevor ihr Rasen mäht oder die Baumkrone eines Obstbaumes zurechtschneidet. So kann die Seele die Energie von den Stellen abziehen, die geschnitten werden.

Siehst du, diese Antwort war beispielsweise von Newahjac und Lady Nadja stimmt dem zu. Und trotzdem bekamst du deine Antwort aus dem „Seelenpool" von Ivanor ..."

„Ich danke allen Seelen, die zu Ivanor gehören, inklusive Ivanor selbst für diese Antworten. Vielen Dank. Und danke auch für eure Unterstützung. Gibt es noch etwas, das ihr sagen wollt?"

„Ja.

Wir segnen euch!

Ivanor"

Ergänzung

Zu guter Letzt möchte ich noch etwas über die Strahlenkombinationen bei Regenbogenkindern und bei Strahlenkindern speziell hinzufügen. Die folgenden Sätze stammen aus einem Channeling mit Adamis und Ivanor, dem Hüter des Regenbogenstrahls:

„Eine Bekannte von mir kam mit den Farben Magenta und Königsblau, und ihre Aufgabe ist es, das Gleichgewicht und den Frieden in sich zu erreichen. Ich habe den Verdacht, dass diese beiden Farbstrahlen gemeinsam den Schwingungen des lila Farbstrahls entsprechen, und das Erreichen des inneren Gleichgewichtes ist ja auch etwas Typisches für den lila Farbstrahl. Gibt es diesen Zusammenhang wirklich oder täusche ich mich?"

„Ja, es gibt diesen Zusammenhang. Wenn sie es erreicht hat, werden nicht mehr Magenta und Königsblau wahrnehmbar sein sondern Lila."

„Gilt dies für alle Strahlenkinder?"

„Nein, aber für manche schon."

„Das heißt, eine andere Bekannte hat Gelb-Blau-Grün und wenn sie ihre Aufgabe erfüllt, wird es Grün?"

„Ja, auch dies stimmt."

„Gibt es einen Farbstrahl, der nur grün ist, ohne rosa oder blau?"

„Ja, natürlich. Aber da den meisten Menschen langweilig wäre, wenn sie von Anfang bis Ende ihres Lebens dieselbe Aufgabe hätten, ohne andere Nuancen, haben sich die Seelen schon öfters entschieden, zuerst in anderen Bereichen Erfahrungen zu sammeln (es bereichert ja auch die Seele mehr, wenn Unterschiedliches in einem Leben erfahren und erlernt wird), bevor langsam der Knoten aufgeht und sie merken, wozu sie eigentlich da sind."

„Gibt es einen grauen Farbstrahl?"

„Nein, in diesem Universum nicht. Silber-Blau ist das Einzige, wo etwas Grauähnliches drin vorkommt. Aber Silber kommt auch in anderen Kombinationen mittlerweile vor. Zum Beispiel mit Rosa oder Pastell-Pink, mit Dunkelrot oder Gelb.

Braun ist auch eine Farbe, die bis jetzt nicht als Farbstrahl in dem Sinne vorkommt. Wenn du es bei jemandem im Geburtsmagnetchakra siehst, ist es eine Mischung aus Rot und Grün, die bereits gut verwoben und integriert sind."

„Adamis, warum gibt es jetzt mehr Vermischungen als die von Frank gechannelten Strahlen, warum gibt es jetzt zusätzlich dazu die „neuen Strahlen" wie Gelb und Lila zum Beispiel?"

„Weil sie notwendig sind und gebraucht werden jetzt. Die Zeit auf der Erde ist reif für diese Entwicklung und all diese Dienstseelen, die jetzt inkarnieren, sind gewissermaßen Geburtshelfer und Geburtshelferinnen. Sie gebären nicht nur sich selbst immer wieder neu, um auf dem aktuellen Entwicklungsstand mitzuschwingen und zu unterstützen, sie alle gebären gemeinsam den Planeten Erde und die Zukunft ins Wassermannzeitalter mit den neuen magnetischen Schwingungen.

Der Farbstrahl Silber wird übrigens deswegen nicht alleine sondern nur in Kombination mit anderen Strahlen eingesetzt, weil er für zutiefst magnetische und „metallische" Schwingungen steht, und solche Eigenschaften müssen momentan auf der Erde noch abgeschwächt werden. Quecksilber ist das „Element“, mit dem sie korrespondieren würden auf der Erde. Aber es ist noch nicht so weit.“

„Gibt es wirklich alle Farbstrahlenkombinationen?"

„Nicht ganz. Was es nicht gibt:

Weiß alleine

Silber alleine

Braun als Braun

Schwarz alleine

Schwarz-Rot und alle anderen Kombinationen mit Schwarz, außer mit Perlmuttweiß

Grün mit Lila alleine (immer ein Zusatz dabei)

Rot alleine

Alle anderen Kombinationen gibt es bereits und teilweise entwickeln sie sich weiter zu einem Farbstrahl, der „dominant“ ist und mehrere Strahlen in sich vereint, wenn sie integriert sind.“

„Kannst du in Verbindung mit Ivanor beantworten, ob bei den Regenbogenkindern Schwarz dabei ist?“

„Ja, kann ich. Aber ich übergebe da lieber „das Ruder“.“

„Ich danke dir. Ich bitte Ivanor um ein unpersönliches, detailreiches Channeling über den Regenbogenstrahl. Kommen darin alle Farben vor?“

„Es kommen lediglich die Farben des Regenbogens vor, geliebtes Kind. Kein Schwarz, kein Braun, kein Weiß, kaum Silber (nur sehr selten ist Silber dabei). Aber wie du aus der Farbenlehre weißt, wenn du die Farben des Regenbogens vermischst (und zwar die Lichtfarben), kommt Weiß heraus. Man könnte sagen, nur eine Seele aus der Weißen Bruderschaft oder eine andere sehr reine Seele kann mit den Schwingungen des Regenbogenstrahls losgeschickt werden auf die Erde.

Das bedeutet auch, dass es manchmal Momente geben wird für Regenbogenkinder, wo sie sich situationsbezogen für die Licht- oder Dunkellicht-Seite entscheiden müssen. Das heißt, sie können einerseits sehr materiell mit ihren Potenzialen umgehen. Somit laufen sie „Gefahr", dass die Vermischungen ihrer Potenziale sehr materiell eingesetzt werden, und alles was sehr materiell ist, ist den Polaritäten und ihren Gesetzmäßigkeiten ausgesetzt. Oder sie setzen sie lichtvoll z.B. zur (Weiter-) Entwicklung ein und laufen wiederum „Gefahr", zu wenig geerdet zu sein. Ehrlich gesagt ist die Wahrscheinlichkeit für Zweiteres größer, denn die Dienstseelen suchen sich ja einen Dienst, eine Aufgabe für ihre Inkarnation aus. Nur selten ist es notwendig, den „Umweg" über die Erfahrungen in den Verhaftungen des Materiellen so stark auszuleben, dass es zu den Dunkellicht-Erfahrungen kommt.

Aber vor allem Strahlenkinder, die Schwarz-Perlmuttweiß oder Regenbogenfarben in sich tragen, sind, wenn sie erstmal auf der Erde (und für manche gilt auch: Wenn sie sich ihres Potenzials bewusst sind.) sind, interessant für beide Seiten des Lichts und teilweise „hart umkämpft". Die einen haben sehr breitgefächertes, die anderen sehr extremes Potenzial. Beides kann auf seine Art und Weise starke Veränderungen hervorrufen.

Deswegen wird diesen Kindern die Wahl (oder Prüfung), ob sie für eine der beiden Seiten arbeiten und wirken wollen, nicht nur einmal gestellt, mehrmals werden von allen Seiten Angebote gemacht."

„Ivanor, könnte ich der Seite des dunklen Lichts einen Dienst erweisen ohne dass ich danach unangenehme Konsequenzen trage?"

„Du kannst die Seite des dunklen Lichts achten und das tun, was du bereits tust: Den Menschen erklären, dass beides vorhanden und notwendig ist. Du kannst sie nach und nach immer besser lehren damit umzugehen, sodass sie den Ausgleich in sich finden und bewirken."

„Sind in den Geburtsstrahlen aller Regenbogenkinder alle Farben des Regenbogens drin oder bedeutet es eigentlich nur, dass viele oder mehrere Farben zusammen dort sind?"

„Alle Farben des Regenbogens. Ausnahmen bestätigen die Regel."

„Ivanor, ich danke dir."

„Ich segne dich."